# 玩出親子情

## 52個親子遊戲

Play Out Parent – Child Bonding

蔡惠雲 著
(Stella Choy)

新雅文化事業有限公司
www.sunya.com.hk

# 玩出親子情

　　什麼是親子遊戲？親子遊戲是指有父母或兄弟姊妹一起玩，沒有特定學習目標，但可以帶來很多好處的遊戲，而且在過程中充滿了歡樂、驚喜與趣味。父母和孩子一起玩，跟孩子獨自玩是不一樣的。父母和孩子一起玩能幫助孩子腦子的照顧系統（Care System）發展，讓孩子感覺被照顧，在社交上有連結。根據神經科學（Neuroscience）的研究，孩子在生氣或害怕時，如果覺得能跟父母在社交上有連結，腦子中的痛苦中心（Pain Center）便不用被啟動。相反地，如果父母只能提供有趣的遊戲，但未能在孩子生氣或害怕時跟他的情緒連結，對他的幫助則很有限。

　　本書收錄的 52 個親子遊戲，靈感來自我在香港大學修讀輔導學碩士及在海外進修遊戲治療時所學，並訪問了 27 位不同職業的家長，包括商界、教育界、醫護界、社福界、藝術界、宗教界、電腦界、文化界及全職媽媽，他們的孩子由初生至中學生都有，請他們分享平日跟孩子都享受的親子遊戲、快樂的經驗及驚喜的發現。在我眼中，他們的孩子都是成功的：有父母的支持、健康的情緒，以及快樂的童年。透過這些父母的經驗，以及遊戲治療師的話，本書想傳遞的信息是：即使在非常忙碌的香港，也有一些不同背景的父母，深明遊戲和親子

關係的重要性，每天都願意親自花時間跟孩子玩遊戲，為着孩子的健康成長而努力，為着教養孩子立下最重要的基石——正向的親子關係。

值得一提的是，在創作本書的過程中，我特意訪問一些藝術界的父母，希望了解一下他們如何用遊戲培養孩子的創意；訪問一些文化界的父母，看看他們如何培養孩子對文化的興趣。我亦特意訪問一些家中有正在唸小學及中學的孩子的父母，看看他們如何在「孩子上了小學就不玩遊戲」和「孩子越大越反叛」的主流苦惱中，掙脫枷鎖，利用遊戲建立良好的親子關係，以致在孩子青少年時期仍能好好教養孩子。

此外，本書介紹的 52 個遊戲能滿足兒童的 9 個需要，包括：

1. 探索（Exploration）：讓孩子用不同的感官去探索，能滿足孩子大腦探索的需要（Seeking System），若你能保持孩子的好奇心到 7 歲，他這一生都會很好學。

2. 創意（Creativeness）：是指一種創新與突破的能力。

3. 社交互動（Social Interaction）：父母和孩子一起玩，在社交上有連結，這種人與人之間的社交互動，有助情緒腦子（Emotional Brain）發展。學前幼兒的情緒腦子需要大量刺激，全腦才會協調得好。

4. 正面身體接觸（Positive Physical Touch）：**正面的身體接觸能讓我們的身體釋放出一種催產素（Oxytocin），又稱為「愛的荷爾蒙」，讓人有被愛的感覺、能減低壓力、能愛人、能增加自尊感。**

5. 自尊感（Self-esteem）：**讓孩子覺得自己重要、特別和有價值。**

6. 自信心（Self-confidence）：**讓孩子覺得自己有知識、有能力、有力量，增加成功感。**

7. 情緒智能（Emotional Quotient, EQ）：**包括五個範疇：（一）認識及察覺個人的情緒；（二）管理自己的情緒；（三）自我激勵；（四）認知他人的情緒；（五）妥善處理人際關係。**

8. 感覺統合（Sensory Integration, SI）：**是指大腦組織整合感覺信息，為應付環境需求而作出適當性反應的一個過程。包含視覺、觸覺、味覺、嗅覺、前庭覺（Vestibular Sense）和本體覺（Proprioceptive Sense）等。**

9. 正向親子關係（Secure Attachment）：**透過關係取得安全感和支持。而正向的親子關係正是教養的基礎，也是孩子長大成人後，與其他人建立親密關係的重要參照。**

盼望你無論是從事什麼職業，甚至是全職媽媽，無論你的孩子是0歲、3歲、7歲、17歲，也能認同遊戲的益處和親子關係的重要性，也能「玩出親子情」。

# 父母與孩子的快樂指南

　　這個世代的父母，愛把孩子送進補習班、興趣班，讓他們在忙碌營役的學習生涯中停不下來，更沒時間跟孩子玩耍，有些甚至説「不是不想，而是不懂跟孩子好好玩耍」。

　　翻讀手上這本《玩出親子情》，可説是現代父母的一個快樂指南，讓他們可以暫時遠離孩子的功課壓力，放下嚴肅的嘴臉，每天晚上跟着遊戲治療師 Stella 獨創或學習回來的這些溫馨遊戲，跟孩子建立親密的關係與情誼。孩子看見爸媽逗趣好玩的一面，體會到遊戲時遊戲的小情趣，便不會沉溺手機上網，開始愛上真實的交往，並從中學習積極向上的人生大道理！

羅乃萱

家庭基建發展總監

5

# 讓孩子自由地玩
# 比上興趣班更重要

常聽見一些現代的父母說,我們的父母以前都不用學怎樣教我們,他們忙於上班,不會跟我們玩,但一大班兄弟姊妹總是能平平穩穩、健康愉快地成長。反觀現代的孩子,為何會有這麼多問題?

其實,上一代父母雖然很忙碌,為口奔馳,但他們給了孩子一樣最重要的東西——餘暇。小朋友有空閒時間,就自然會想到辦法來玩,哪怕是一個鞦韆、幾顆波子,甚至是在沒有任何玩具時玩捉迷藏。然而現代大多數父母的心態是,不想孩子輸在起跑線上,所以為孩子安排各種活動,從而犧牲了孩子玩耍的機會,但這樣的成長健康嗎?

最近,在電視上看到一則來自聯合國兒童基金會(UNICEF)的廣告,呼籲香港家長給兒童每天最少一小時的遊戲時間,如果兒童長時間缺乏玩樂,他們的大腦很快便會習慣了悶,然後變得不再好奇,不再自發做事,更難談得上對生命的熱情。這樣的兒童長大成人後,將終日慨歎生命中總是缺少一些重要元素。

盼望作者 Stella 推薦的 52 個親子遊戲,能給各位父母一些啟發,讓孩子享受到能銘記一生的玩樂時光。

周婉芬博士
註冊心理學家

# 自序

# 一天到晚玩遊戲的孩子

　　試想像一下，一天到晚玩遊戲的孩子，是一個怎樣的孩子？是不是一定無心向學？「勤有功，戲無益」是真的嗎？兩個問題的答案都是否定的！遊戲不但有益，而且對孩子非常重要！特別是對孩子的全腦發展尤其有幫助。

　　近代的科學越來越着重研究神經科學（Neuroscience）和教養（Parenting）的關係，其中一個很重要的概念是把人類的腦子分成三部分：生存腦子（腦幹和小腦）、情緒腦子（邊緣系統）和理性腦子（前額葉）。生存腦子管呼吸、消化、運動和平衡等；情緒腦子管情緒、社交、玩樂、探索等；理性腦子管思考、創意、解難及同理心等。我們最終目標都是想孩子的整個腦子都發展得好，成為一個聰明、能管理自己情緒和行為的人。但原來這三部分腦子必須要依次序發展，不能跳級，整個腦子才會協調得好，否則理性腦子發展得多麼好，也管不到生存腦子和情緒腦子，例如當孩子感到害怕而生存腦子主導時，就會攻擊人或逃走（fight or flight）。

　　因此，對於學齡前的孩子，我們更應着重他們情緒腦子的發展，即給予他們探索、玩樂、參與社交、享受音樂律動等機會，而且父母要盡量對孩子的情緒作出即時回應。所以在 6 歲前過早側重於思考的訓練，強調「坐定定」吸收知識，而忽略了生存腦子和情緒腦子的發展，可能會令孩子變得習慣於沉悶的狀態，或是會在不適當的時候尋求他所缺乏的刺激，以致情緒和行為的調節都只停留於道理層面。這樣的

問題我們日常生活中可以看到不少實例：一個平日只有學習，沒有玩樂的孩子，他總是在港鐵車廂內握着柱子瘋狂地轉。即使媽媽在上車前特別嚴厲地警告他，孩子滿口答應，但到了港鐵車廂裏仍是控制不了自己。事後孩子能完整地說出自己不對的地方、應該怎樣改善等等，並跟媽媽約法三章不會再犯，不過下次當然仍舊沒有改善。這樣的情況正是由於腦子的三部分發展不協調所致。

我 5 歲的兒子周日一大清早便開始玩遊戲，如在草地上跟其他小孩和大人跑跑跳跳、捉來捉去、傳球、踢球等，在等待玩的時候又一跳一彈的，期待下一個輪到自己表演身手的機會，還邊跑邊嘰哩嘩啦地叫、開心大笑……兩個小時後，他的探索系統（Seeking System）已獲得飽飽的滿足，他便能很安靜地到教會聚會、吃午飯，還會主動去圖書館看書。這些都是大腦有很好的連接及組織的表現，亦是所謂感覺統合得很理想的狀況。

故此，我說：「戲有益」，遊戲能玩出健康情緒、成功心理質素，如面對挑戰、壓力、困難、逆境的能力；遊戲能讓家庭更快樂，能玩出正向親子關係，玩出正能量、智力、語言溝通技巧、社交技巧，更能玩出抗逆力（Resilience），即遇到困難或惡劣環境時能反彈（Rebounce），保持心理健康，就像身體的抵抗力。這些都是新世代的成功人材必須具備的條件。

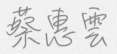

本書的兩個理念

# 一、依附理論

本書所設計的遊戲應用了約翰‧鮑比（John Bowlby）的依附理論（Attachment Theory）。這是約翰‧鮑比於 1953 年提出的理論。意思是指一個人為了得到安全感而尋求親近另一人的心理傾向：當此人在場時會感到安全，不在場時會感到焦慮。其中 0 至 3 歲是孩子形成安全依附關係，即透過關係取得安全感和支持的關鍵時期。直至孩子到了 17 歲，仍需要發展情感聯繫，然後才能發展健全的「自我」。正如鮑比所說：「自我與他人最初的關係，會成為將來所有關係的藍圖。」（Bowlby, 1973）

有一項對千對健康的親子（Parent-child Dyad）的研究，發現有安全依附關係的親子，在互動中都有以下四大特點，我用種花來比喻：

1. 澆水和施肥：父母給予孩子眼神接觸、微笑、擁抱、身體活動和食物，好比定時給孩子所需要的養分。

2. 除雜草和修剪：父母用愛的權威告訴孩子要做什麼、不要做什麼，好比替孩子除雜草和修剪枝節，令孩子成長得更苗壯。

3. 給予充足的陽光：父母專注在孩子身上，又能取得孩子的注意力，好比確保孩子能接收到充足的陽光。

4. 渡過寒冬：父母對孩子有合理的期望，給他剛剛好的挑戰，讓他可以更進一步，好比和孩子一起做好準備，讓他可以渡過嚴寒的冬天。

# 二、6A 品格教育原則

本書遊戲亦應用了麥道衞博士（Dr. Josh McDowell）的 6A 品格教育原則。

1. 接納（Acceptance）：**與孩子建立溫暖關係，讓他明白你愛他不因任何事情，只因他是你的孩子，以培養安全感和自我價值感。**

2. 欣賞（Appreciation）：**稱讚孩子在過程中付出的努力、態度和品格，而不是結果，以建立自信心。**

3. 關愛（Affection）：**以正面和肯定的語言、身體接觸、關心、禮物和時間去表達對孩子的關愛。**

4. 時間（Availability）：**付出時間跟孩子相處。**

5. 責任（Accountability）：**讓孩子認清、承擔自己的責任，學會自律。**

6. 權威（Authority）：**愛的權威不是讓孩子害怕師長，而是怕原則，以培養自主能力，即使沒有師長約束下，也能做出正確決定。**

書內所介紹的每個遊戲，都會向家長清楚列出該遊戲所符合的理論和原則。家長清楚了解之後，透過這些親子遊戲，就更容易與孩子培養正向的親子關係。而穩固的親子關係正是教養的基礎，也是孩子長大成人，與其他人建立親密關係的重要參照。

目錄

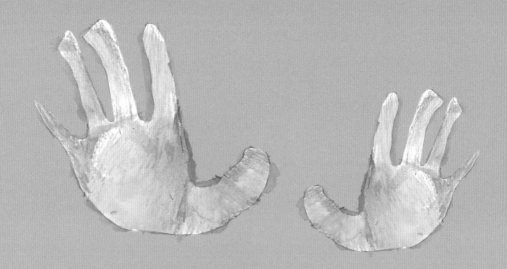

第一章 探索 (Exploration)

# 冰從哪裏來？
## Where Does Ice Come From?

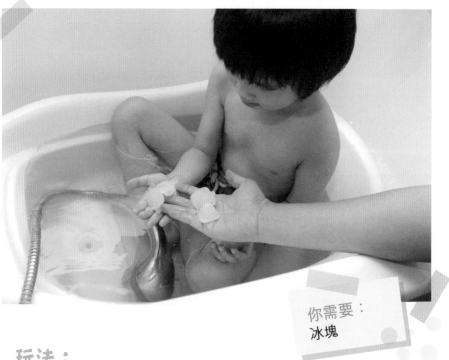

你需要：
冰塊

## 玩法：

在孩子洗澡時，父母可以把一些冰塊放進浴缸裏，

讓孩子看到冰塊融化了。

## 遊戲治療師的話：

孩子們都愛玩水，在水裏加些冰塊，能讓孩子充滿驚喜，且能滿足孩子大腦探索的需要（Seeking System）。這種體驗式學習（Experiential Learning）利用孩子的好奇心去發掘新知識，較家長直接教導更有趣，學習效果更持久。

## 家長體驗分享

兒童電視節目製作人兼兒童故事繪本作家 Eliza 分享：

我是唸教育出身的，亦重視遊戲。兒子小時候，我會讓他多探索，引發他的好奇心，而不是單靠教導。有一次，在兒子洗澡時，我把一些冰塊放進浴缸裏讓他玩冰，冰塊融化了！兒子覺得很有趣，亦很好奇。後來，兒子會和我一起製作冰塊，觀察水怎樣變成冰，冰又怎樣變成水，這樣他便不知不覺學會了水的不同形態，不用刻意教導。

這個遊戲符合依附理論提及的建立安全依附關係的方法及6A品格教育原則：

依附理論：
- 給予充足的陽光

♥6A 品格教育原則：
- 關愛（Affection）

# 散步找葉子
## Take A Walk, Pick Some Leaves

**玩法：**

父母和孩子到公園或大自然時，可請孩子去找一些不同形狀的葉子，拾來給父母看。

**越玩越有創意：**

父母可以鼓勵孩子，利用拾回來的葉子玩假想遊戲，例如變成雨傘，內容可以天馬行空。

18

> ## 遊戲治療師的話：
>
> 　　多接觸大自然能幫助我們放鬆心情，減低精神壓力。讓孩子去找葉子又能滿足孩子大腦探索的需要（Seeking System），而最重要的是，通過這個遊戲，能讓一家人的生活得到平衡：父母散步談天、孩子跑跑跳跳拾葉子，同時亦能增進一家人的和諧關係。

## 家長體驗分享

兒童電視節目製作人兼兒童故事繪本作家 Eliza 分享：

　　我很喜歡帶孩子周圍去探索，孩子剛學會爬時，我們一家人住在澳洲，我就任由他們在後花園的草地上爬來爬去，看蝸牛、小昆蟲，他們會發現士多啤梨很快就被蟲吃掉。有時我會帶他們去沙灘玩水、玩沙，有時又會帶他們去行山，既能探索大自然，又能增進親子關係，他們小時候已能行足六小時。平日，我們一家人吃完晚飯，有時也會到公園散步，3 歲、6 歲的孩子不會有耐性地跟大人慢慢走，於是我讓他們發揮好奇的天性，到處去找葉子，我和丈夫便可慢慢散步。兩個兒子驚喜地發現有些葉子是很大的一片、有些是三片的、有些是針形的⋯⋯這些發現讓他們感到雀躍不已。

這個遊戲符合依附理論提及的建立安全依附關係的方法及 6A 品格教育原則：

依附理論：
- 除雜草和修剪
- 給予充足的陽光

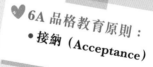

6A 品格教育原則：
- 接納（Acceptance）

19

# 滾波子
## Marble Run

**你需要：**

廁紙筒、廚房抹手紙筒、大小不同的球和波子、剪刀、磨沙膠紙

## 玩法：

1. 父母先和孩子商量用什麼環保物料來做一個滾波子遊戲。

2. 和孩子一起收集環保物料，如廁紙筒和廚房抹手紙筒等不同長短的紙筒。

3. 把紙筒剪成兩半，然後用磨沙膠紙將紙筒貼在牆壁上，形成斜坡。

4. 找來不同大小的球和波子，放在紙筒上，讓球和波子通過紙筒從上而下滑下去，看看成不成功。

**！** 提示：用磨沙膠紙將紙筒貼在牆壁上，撕下來便不會留下痕跡。

20

## 遊戲治療師的話：

父母不一定要買很貴的玩具給孩子，只要陪孩子把他們的願望化成創造，一起收集環保物料、一起製作、一起做實驗及探索，就是最佳的親子時光。這遊戲亦可滿足孩子的探索精神、好奇心，以及提升孩子的自信心。

## 家長體驗分享

嬰幼兒導師 Veronica 分享：

有一次，我和 4 歲的兒子在玩具店見到一個滾波子玩具，售價一千多元，實在太貴了，所以我們沒有買。適逢兒子這段時間很有興趣看關於環保的書，於是我們商量可以用什麼環保物料來自製一個滾波子遊戲，並一起收集物料。結果我們成功把廁紙筒和廚房抹手紙筒剪成兩半，用磨沙膠紙將紙筒貼在牆壁上，形成斜坡。再找來不同大小的球和波子，放在紙筒上，讓球和波子通過紙筒從上而下滑下去。兒子很興奮地發現：大部分的球，不論大或小都可以滾下去，有的快，有的慢，但有些球則因太大或太輕，不能滾下去。我們就是這樣從無到有一起創作，在過程中獲得很大的滿足感，繼而一起探索，兒子的好奇心亦得到滿足。

這個遊戲符合依附理論提及的建立安全依附關係的方法及 6A 品格教育原則：

**依附理論：**
- 除雜草和修剪
- 渡過寒冬

## 越玩越有創意：

可以用箱子來接住滾下來的球和波子，這樣你便會發現不同的球會發出不同的聲音，有些球發出的聲音會小一些。

**♥ 6A 品格教育原則：**
- 接納 （Acceptance）
- 欣賞 （Appreciation）
- 時間 （Availability）
- 責任 （Accountability）

# 大球小球到處飛
## Big Balls Small Balls Everywhere

你需要：
大小不同的球
約 10 個、籃子

**玩法：**

1. 父母把大約 10 個大小不同的
   球拋到房間的不同角落。

2. 和孩子一起盡快把球拾起來，
   放進一個籃子裏。

**越玩越有創意：**

　　如果把球換成氣球，也是一個
能令孩子感到很興奮的遊戲。氣球
輕輕的，有點不定性，不是急就能
拾得到。如果心急撲過去，反而會
拿不到，但這正是好玩的地方。

### 遊戲治療師的話：

　　這是一個很好的熱身遊戲，不但讓孩子可以探索，還能給孩子帶來很開心的經歷。這個遊戲不需要太多的講解，孩子看到很多球和一個籃子，便明白如何玩，因此適合任何年紀的小朋友。這種結構亦有助家長在日常管教中訓練孩子聽從指示，讓孩子在遊戲中練習要做什麼、不要做什麼。另外，每次球飛的方向和速度都不一樣，這種不定性能給孩子帶來驚喜，正是孩子玩完再玩也不會厭倦的原因。

## 家長體驗分享

社工媽媽 Sally 分享：

　　這個遊戲是在教會兒童主日學見到的。女兒今年接近 3 歲，她很愛玩這個遊戲，一來見到這麼多球，她已很興奮，二來可以動手動腳去把球拾起來，更令她很有成功感。

　　這個遊戲符合依附理論提及的建立安全依附關係的方法及 6A 品格教育原則：

 依附理論：
- 除雜草和修剪
- 給予充足的陽光
- 渡過寒冬

 6A 品格教育原則：
- 欣賞（Appreciation）
- 責任（Accountability）
- 權威（Authority）

23

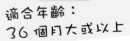

# 枕頭人
## Pillowman

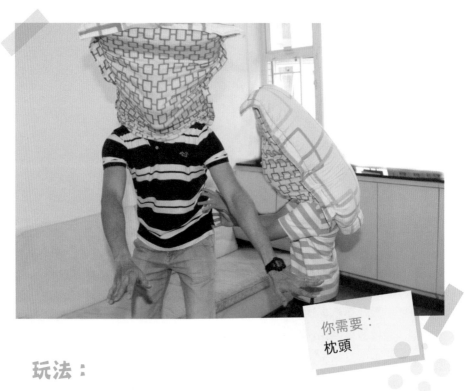

你需要：
枕頭

## 玩法：

父母和孩子各自將一個枕頭套在頭上，然後在房間裏走來走去。

**!** 注意：必須選擇套上後亦能保持呼吸的枕頭套，
而且一個回合最好能在短時間內完成。

### 越玩越有創意：

　　如果想挑戰難度，可以比賽看誰最快拿到房間中的某件物件，然後回到起點。

## 遊戲治療師的話：

這個遊戲就地取材，會有很多驚喜，而且能讓孩子用不同的感官去探索，大人和孩子撞在一起時又有正面的身體接觸，是一個非常好的培養親子關係的機會。

## 家長體驗分享

傳道人爸爸 Tsui 分享：

我和 4 歲的兒子，每人將一個枕頭套在頭上，在看到和看不到之間，在房間裏走來走去，撞來撞去，大家笑作一團。媽媽因為覺得這個形象不漂亮，所以不玩，但作為旁觀者的她，也覺得這個遊戲非常趣怪，禁不住大笑，一家人充滿歡樂。

依附理論：
- 澆水和施肥
- 除雜草和修剪
- 給予充足的陽光
- 渡過寒冬

❤ 6A 品格教育原則：
- 接納（Acceptance）
- 欣賞（Appreciation）
- 關愛（Affection）
- 時間（Availability）
- 責任（Accountability）
- 權威（Authority）

這個遊戲符合依附理論提及的建立安全依附關係的方法及 6A 品格教育原則：

# 浮沉大發現
## Float Or Sink?

你需要：
不同的水果

## 玩法：

在幫孩子洗澡時，可以和孩子做一個科學性的實驗：

把不同的水果放進水裏，看看水果到底會浮還是會沉。

## 遊戲治療師的話：

　　這個水果浮沉大發現遊戲，就地取材，大家都用探索、好奇的態度來做實驗。專家説，若你能保持孩子的好奇心到 7 歲，他這一生都會很好學。

## 家長體驗分享

傳道人爸爸 Tsui 分享：

　　這是我和家人一起想出來的遊戲。我們把家中的水果通通拿出來，有啤梨、橙和提子等，先洗乾淨，然後逐一放進浴盆，猜猜哪些會浮起來，哪些會沉下去。大家都抱有好奇心，想知道實驗結果如何。媽媽説有些是自己也不知道的，例如兩個啤梨，竟然一個會浮，一個會沉！開心大發現之後，就讓孩子選一個水果來吃。

這個遊戲符合依附理論提及的建立安全依附關係的方法及 6A 品格教育原則：

依附理論：
- 給予充足的陽光
- 渡過寒冬

6A 品格教育原則：
- 接納（Acceptance）
- 欣賞（Appreciation）
- 時間（Availability）

 第二章 創意 (Creativeness)

# 7 是或不是
## Yes Or No

**玩法：**

1. 由孩子先自行決定一個短句，例如「米奇老鼠吃芝士」。

2. 然後孩子隨意說出一些短句，父母每次在聽到「米奇老鼠吃芝士」後，就望着孩子的眼睛說「是」，否則便說「不是」。

3. 輪到父母決定一個短句，由孩子說「是」或「不是」。

**越玩越有創意：**

1. 有三人或以上一起玩時，可以增加難度。

2. 每人自行決定一個聲音，例如兒子「的的」，爸爸「打打」，媽媽「喵喵」。

3. 當兒子說其他聲音的時候，例如「多多 / 巴拉 / 奇奇」，其他人說「不是」，若兒子說「的的」，其他人就要望着他的眼睛，說「是」。

## 遊戲治療師的話：

這個遊戲充滿了創意，且能滿足孩子的話事權。當孩子用創意和記性玩熟了這個遊戲後，相信會很有滿足感，自信心亦會因而提升。另一方面，在過程中，孩子應該能享受得到正面的注意力，例如父母要專心聆聽孩子說話，而且要聽得很仔細，又要望着孩子的眼睛，這些都有助建立親子關係和自尊感。

# 家長體驗分享

IT 爸爸 Gary 分享：

4 歲的兒子喜歡隨時隨地和我們玩遊戲，而且要跟隨他的玩法。有一次一步出家門，他便開始說出這個遊戲：「如果我說『99 句教子好句』，你們便說『是』，如果句子有少許不同，就要說『不是』。」

兒子：「99 句教女好句。」

我　：「不是。」

兒子：「98 句教子好句。」

我　：「不是。」

兒子：「99 句正向關係。」

我　：「不是。」

兒子：「99 句教子好句。」

我（誇張地望着兒子的眼睛）：「是！」

大家笑作一團。我也驚訝於兒子可以將題目分得那麼仔細。輪到我出題目時，也要仔細一點。

這個遊戲符合依附理論提及的建立安全依附關係的方法及 6A 品格教育原則：

 依附理論：
- 澆水和施肥
- 給予充足的陽光
- 渡過寒冬

 6A 品格教育原則：
- 接納（Acceptance）
- 關愛（Affection）
- 時間（Availability）

# 在家露營
## Camping At Home

你需要：
椅子、桌子或
大型物件（如箱
子）、被單

**玩法：**

1. 把家中的椅子、桌子或大型物件
   （如箱子）隔開來放，製造出一個
   足夠大的空間，讓大人和孩子可以
   進出。

2. 在椅子、桌子或大型物件上面鋪上
   一張被單，做成一個帳幕。

3. 大家可以住進去，又可以走出來，
   想像露營時的不同活動。

**越玩越有創意：**

可以盡情發揮想像力，加
入一些情節，如快下雨了，怎
麼辦？有牛走來想吃我們的食
物，怎麼辦？大家一起想辦法
解決問題，這也是很好的親子
活動。

32

## 遊戲治療師的話：

很多時候，孩子去過旅行、住過酒店或露營後，都很想可以再去。透過這個遊戲，家長可以和孩子一起創造出露營空間，一起建構出親子間的露營故事，共同發揮想像力和創意。孩子都喜歡有一個神秘的空間可以自由進出，這個遊戲對孩子來說很有新鮮感。更重要的是，當孩子說想再去酒店或度假時，大人可以尊重孩子的意願，這樣不但沒有堵截孩子的願望，更是陪孩子一起做夢。其實最終孩子並沒有真的去露營或住酒店，但他的願望已得到滿足，這種尊重和陪伴都是正向親子關係中極其重要的。

這個遊戲符合依附理論提及的建立安全依附關係的方法及 6A 品格教育原則：

**依附理論：**
- 給予充足的陽光
- 渡過寒冬

**6A 品格教育原則：**
- 接納（Acceptance）
- 關愛（Affection）
- 時間（Availability）
- 權威（Authority）

## 家長體驗分享

IT 爸爸 Gary 分享：

4 歲的兒子每次去完旅行都想繼續住酒店，每次去完宿營或露營都想再去，於是我想到可以在家露營，陪孩子一起想像，並且能滿足兒子的願望。我們拿來椅子、桌子及大型物件（如單車）隔開來放，製造出一個足夠大的空間，再在上面鋪上一張被單，就做成了一個帳幕，可以住進去，又可以走出來。兒子還會邀請家人一起露營，想像露營時的不同活動，如煮食、看故事和睡覺。兒子非常喜歡這個神奇的空間，可以玩上半天。

# 攝影遊戲
## Photography Game

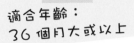

適合年齡：
36 個月大或以上

## 玩法：

1. 家長和孩子一起去遠足或到郊外旅行時，每人可用雙手拇指和食指做成一個長方形的攝影鏡頭，各自去發掘新鮮的人、事、物，並選取一個喜歡的情境，假裝拍下來。

2. 大家一起分享選取了一個怎樣的角度，以及為什麼選取這個角度。

## 遊戲治療師的話：

這個不用任何道具的攝影遊戲，能培養孩子的創意、美感和表達能力，又能讓親子之間有互相分享的機會。在過程中，孩子可以分享自己所見的有趣事物，父母亦可以分享他們的角度，是很好的親子溝通、社交互動渠道。

## 家長體驗分享

兒童電視節目製作人及兒童故事繪本插畫家 Eliza 分享：

兩個兒子自 3 歲起，直到今天已經唸中學，都會和我分享生活的點滴。這個遊戲適合我們到大自然去的時候玩。透過互相分享，知道大家看到不同的事物、不同的角度，大家都樂在其中。

這個遊戲符合依附理論提及的建立安全依附關係的方法及 6A 品格教育原則：

**依附理論：**

- 給予充足的陽光
- 渡過寒冬

**6A 品格教育原則：**

- 欣賞（Appreciation）
- 時間（Availability）

# 真雪人
## Real Snowman

適合年齡：
24 個月大或以上

你需要：
蘇打粉、容器、
水、雪櫃

**玩法：**

1. 把蘇打粉倒進一個容器裏，然後加一點水，讓孩子用手抓抓看，並說說有什麼感覺。

2. 待全部蘇打粉溶在水裏後，把它放在冰格內雪藏約1小時，便會變成「真雪」。

3. 讓孩子把玩自製的「真雪」，還可以用來砌雪人或製作雪球等。

**越玩越有創意：**

可藉此遊戲告訴孩子，大自然的雪會融化，而用蘇打粉製成的雪在室溫下卻不會融化。但只要加些醋，這些「真雪」就會慢慢融化，這又是一大發現。

## 遊戲治療師的話：

香港不會下雪，能讓孩子把玩真雪，孩子是多麼的興奮！雪的形態多變，可讓孩子發揮創意，給他們帶來驚喜。

# 家長體驗分享

嬰幼兒導師 Veronica 分享：

有一次，我做蛋糕的時候，隨手給4歲的兒子一些材料，在偶然之下發現這個玩法。兒子發現蘇打粉加水後，在指間的感覺很特別，很喜歡把玩，製成「真雪」後更可以重複再玩。於是我們趁着聖誕節，拿「真雪」來砌雪人，還會到家附近拾樹枝和松果，做雪人的手和鼻。兒子一直很嚮往到會下雪的地方，現在於家中也可以砌雪人，真是樂極了。

這個遊戲符合依附理論提及的建立安全依附關係的方法及 6A 品格教育原則：

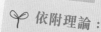
依附理論：
- 除雜草和修剪
- 給予充足的陽光
- 渡過寒冬

6A 品格教育原則：
- 接納（Acceptance）
- 欣賞（Appreciation）
- 時間（Availability）
- 責任（Accountability）

第三章 社交互動
(Social Interaction)

# 破泡泡
## Bubbles Pop

適合年齡：
5 個月大或以上

你需要：
吹泡泡遊戲道具

**玩法：**

1. 遊戲前先跟孩子商量用哪一個身體部位來破泡泡，例如食指、頭、肚皮、腳等。

2. 一位家長吹泡泡，孩子和另一位家長則在旁邊破泡泡。

3. 玩遊戲的同時，亦可數數自己破了多少個泡泡。

**越玩越有創意：**

　　如果想增加親子間的互動，家長可以在孩子背後抓住孩子的雙手，一起玩雙人破泡泡。對於較小或覺得自己能力不多的孩子，則可以給他一個類似球拍的物件，讓他拿來拍泡泡，以增加孩子的力量感。

40

## 遊戲治療師的話：

　　每個孩子都喜歡泡泡，泡泡的不定性能給孩子帶來驚喜。當孩子發現肚皮和肩膊都可以用來破泡泡時，也會感到意外並很有成功感。父母和孩子一起享受歡樂時光，就是最好的社交互動，這全都有助情緒腦子（Emotional Brain）發展。

# 家長體驗分享

遊戲治療師媽媽 Stella 分享：

　　我跟很多位不同年齡的孩子玩過這個遊戲，他們全都很喜歡。老實説，其實大人在破泡泡時感覺很自由，也非常樂在其中。遊戲時，大家發現用不同的身體部位破泡泡，會帶來不同的感覺。例如用肚皮時一定要跳來跳去，用肩膊時則好像在跳舞。孩子必不會錯過用屁股扭來扭去破泡泡，相信一定會玩得不亦樂乎。

 依附理論：
- 除雜草和修剪
- 給予充足的陽光

這個遊戲符合依附理論提及的建立安全依附關係的方法及 6A 品格教育原則：

6A 品格教育原則：
- 時間（Availability）
- 權威（Authority）

# 告訴你一個秘密
## Tell You A Secret

**玩法：**

1. 孩子跟父母說：「我想告訴你一個秘密。」父母要表現張開耳朵留心聽的樣子。

2. 孩子在父母耳邊說：「咕嚕咕嚕……」父母聽完回應：「啊，原來是這樣！」

3. 然後可以用同樣方式，父母告訴孩子一個秘密。

## 遊戲治療師的話：

聽別人講「秘密」能讓人專注。這個「秘密」遊戲更可憑創意創造出一些特別的聲音，製造驚喜。親子間輪流玩，既能帶來默契，過程亦充滿歡樂，有助增強社交互動，以及提升自尊感。

這個遊戲符合依附理論提及的建立安全依附關係的方法及 6A 品格教育原則：

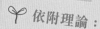

**依附理論：**
- 給予充足的陽光

**6A 品格教育原則：**
- 接納（Acceptance）
- 時間（Availability）

# 家長體驗分享

遊戲治療師媽媽 Stella 分享：

　　這是 4 歲的兒子自創的遊戲。有一天坐港鐵回家途中，他煞有介事地對我說：「媽媽，我想告訴你一個秘密。將你的耳朵靠過來呀！」當我好奇地聽的時候，兒子在我耳邊說：「咕嚕咕嚕……」我們都笑了起來，我回應：「啊，原來是這樣！」接着我也好像真的有秘密要告訴他，怎料是：「嘩啦嘩啦……」兒子也識趣地回應：「啊，原來是這樣！」就這樣，我們一來一往，説秘密説到回家。旁人都不知道我們在説什麼，只見我們很高興地笑。

　　這個遊戲很有感染力，稍後我的兒子跟他同齡的孩子玩，二人除了開懷地笑，那孩子還立刻跟她的外婆玩，大家都高興極了。

# 尋寶遊戲
## Treasure Game

適合年齡：
8 個月大或以上

你需要：
孩子平日玩的玩具

## 玩法：

1. 父母收起某件玩具，請孩子去找。

2. 孩子若找不到，可以請父母給予提示。

3. 找到以後，請孩子收起另一件玩具讓
   父母找，重複玩法。

**遊戲治療師的話：**

孩子由小到大都喜歡玩找物件遊戲。因為每次收藏玩具的地方都不一樣，這種不定性可以給孩子帶來驚喜。而且當找了很久，終於找到時，那種成功感就成為推動孩子不斷再玩的動力，越玩越有創意，越玩越有信心。在過程中，通過請對方給予提示和留意對方的身體語言，可加強親子的雙向溝通、社交互動。

這個遊戲符合依附理論提及的建立安全依附關係的方法及 6A 品格教育原則：

依附理論：
- 澆水和施肥
- 給予充足的陽光
- 渡過寒冬

6A 品格教育原則：
- 欣賞（Appreciation）
- 時間（Availability）

# 家長體驗分享

言語治療師媽媽 Amy 分享：

兒子不到 2 歲時，我會收起玩具，請兒子去找，他有時會回來跟我說：「找不到！」我便給他一些提示。他找到後便很高興，並要求重複又重複地玩。我很喜歡這個遊戲，不用特別的玩具，重要的是我和兒子之間的互動，又可以鼓勵兒子表達自己。

# 踩炸彈
## Step On The Bomb

適合年齡：
36 個月大或以上

你需要：
孩子平日玩的玩具

## 玩法：

1. 將一些玩具倒在客廳的地上，說那些全是炸彈。

2. 家長和孩子要比賽誰最快由客廳的一邊跑到另一邊，條件是不可以碰到地上的「炸彈」，否則便會「死」。

## 越玩越有創意：

這個遊戲也適合在戶外地方玩，如草地或沙灘。如果人數較多，例如四人或以上，可以分兩組接力比賽，增強團隊合作性。

## 遊戲治療師的話：

　　這個遊戲既可運用孩子的想像力，又能鍛煉四肢靈活性，更可練習遵守遊戲規則，增強社交互動、自信心，是一個很全面的親子遊戲。

## 家長體驗分享

言語治療師爸爸 Patrick 分享：

　　這是兒子自創的遊戲，兒子由 3 歲玩到現在 6 歲仍然愛玩。我們會有技巧地用腳尖，一彈一彈的走到對面。玩得多了，兒子會變換不同的遊戲規則，例如將其中一件玩具變成安全島，是可以踏上去的；碰到某一件玩具則會「死」三次等等。

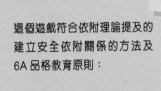

依附理論：
- 除雜草和修剪
- 給予充足的陽光
- 渡過寒冬

這個遊戲符合依附理論提及的建立安全依附關係的方法及 6A 品格教育原則：

6A 品格教育原則：
- 時間（Availability）
- 責任（Accountability）

# 聽音樂，做律動
## Music And Movements

**玩法：**

請孩子聽音樂或樂器演奏的旋律之

高低、強弱、快慢，然後做律動。

例如：聽到高音便舉高手，低音便

蹲下來；音樂強便用力踏步，音樂

弱便輕力踏步；音樂快便快快做動

作，音樂慢便慢慢做動作。

你需要：
不同的音樂或樂器

48

## 遊戲治療師的話：

在幼兒的成長中，音樂（Music）和律動（Movement）對情緒腦子（Emotional Brain）的發展非常重要，這個遊戲加上社交元素，玩樂和歡樂，全都是情緒腦子的功能。近代科學界越來越着重研究腦科學（Neuroscience）和教養（Parenting）的關係，其中一個很重要的概念是把人類的腦子分成三部分：生存腦子（腦幹和小腦）、情緒腦子（邊緣系統）、理性腦子（前額葉），我們最終的目標都是想孩子整個腦子發展得好，成為一個聰明、能管理自己情緒和行為的人，但原來這三部分腦子必須依次序發展（生存腦子 ⟶ 情緒腦子 ⟶ 理性腦子），全腦才會協調得好。學前幼兒的情緒腦子需要大量刺激，所以幼稚園都有很多唱遊活動，而這個遊戲正是其中一個好方法。

這個遊戲符合依附理論提及的建立安全依附關係的是 6A 品格教育原則：

 依附理論：
- 除雜草和修剪
- 給予充足的陽光
- 渡過寒冬

 6A 品格教育原則：
- 欣賞（Appreciation）
- 時間（Availability）
- 責任（Accountability）

# 家長體驗分享

古典音樂人媽媽 Sandy 分享：

我會讓 5 歲的兒子自小多聽音樂，留意音樂的高低、強弱、快慢，讓他說出音樂的特質，並按着音樂做律動。這能將音樂形象化，兒子亦喜歡手舞足蹈。其實接觸音樂不一定要不停練習演奏樂器，多用遊戲的方式能讓我和兒子的關係更好。

# 聆聽遊戲
## Listening Game

你需要：
鋼琴、不同的音樂、
筆、金錢罐

## 玩法：

1. 家長彈琴，請孩子聽聽是高音還是低音，慢慢孩子便能聽出在琴的右邊彈出來的是高音，在琴的左邊彈出來的是低音。

2. 接着可以讓孩子一邊聽音樂，一邊找出重音。給孩子一枝筆和一個鐵罐，讓他敲出重音。

3. 再來可以讓孩子一邊聽音樂，一邊找拍子，並用手將拍子拍出來。

### 遊戲治療師的話：

這個遊戲的音樂、玩樂、歡樂和人與人之間的社交互動，全都有助情緒腦子（Emotional Brain）的發展。學前幼兒的情緒腦子需要大量刺激，全腦才會協調得好，使孩子成為一個聰明、能管理自己情緒和行為的人。

## 家長體驗分享

古典音樂人媽媽 Sandy 分享：

5 歲的兒子很喜歡這種和我一起的互動，很多時我彈琴或播放一些音樂來考他，他都會想自己彈出一些音樂來讓我猜，並且越玩越有自信，無形中亦加強了孩子聆聽音樂的能力。

這個遊戲符合依附理論提及的建立安全依附關係的方法及 6A 品格教育原則：

❦ 依附理論：
- 除雜草和修剪
- 給予充足的陽光
- 渡過寒冬

♥ 6A 品格教育原則：
- 欣賞（Appreciation）
- 時間（Availability）
- 責任（Accountability）

# 棉被舞獅
## Blanket Lion Dance

適合年齡：
36 個月大或以上

你需要：

棉被

**玩法：**

1. 用棉被披在家長和孩子的頭上扮舞獅，一人在前面扮獅頭，另一人在後面扮獅身。

2. 一邊扮演舞獅的動作，爬高爬低，一邊扮演發出鼓和鈸的聲音，並且去跟其他人打招呼。

3. 除了舞獅外，亦可以一起想想棉被還可以變成什麼。

**遊戲治療師的話：**

　　利用家中的棉被，變成一個有趣的活動，可以增強孩子的社交互動，並促進正向親子關係。

## 家長體驗分享

*DJ 媽媽 Smile 分享：*

　　那天 9 歲的兒子做完功課，拿着棉被在沙發上躺下來，我心血來潮想到跟他玩，便拿起棉被披在我和兒子的頭上，玩起舞獅來。我扮演獅頭，兒子扮演獅身。我們邊在家中舞獅邊扮鼓和鈸的聲音，爬高爬低，還走去跟爸爸和姊姊打招呼，想不到玩得很開心。兒子驚喜地發現原來媽媽會跟他玩，於是也發揮自己的創意，主動建議將毛公仔放在棉被上，我們每人拿着棉被的兩個角拉來拉去，玩得不亦樂乎，壓力和悶氣盡消，遊戲變成積極的休息，兒子也不用小睡了。

這個遊戲符合依附理論提及的建立安全依附關係的方法及 6A 品格教育原則：

**依附理論：**
- 給予充足的陽光
- 渡過寒冬

**6A 品格教育原則：**
- 欣賞（Appreciation）
- 時間（Availability）

第四章 正面身體接觸
(Positive Physical Touch)

# 家人三文治
## Family Sandwich

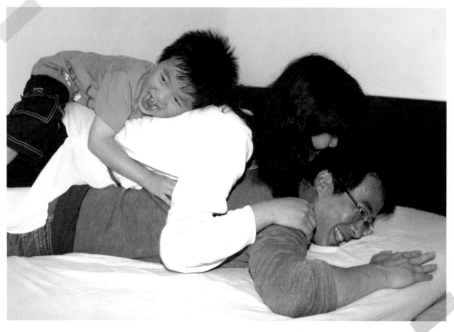

**玩法：**

1. 父母和孩子，一人伏在牀上扮麵包，一人扮材料（如火腿）伏在「麵包」上面，最後一人扮麵包伏在最上面。

2. 大家一起搖搖晃晃，最後「三文治」可能會倒下來，大家可以再做另一款三文治。

**！** 注意：家長須視乎孩子的體重衡量本遊戲的安全性。

**越玩越有創意：**

　　這個遊戲 4 至 5 個人玩也可以，當「材料」豐富了，平衡力也要強一點。另一種更具挑戰性的變化是：底層麵包一開始已在搖晃，材料和頂層麵包要努力扶穩才可以疊上去。

56

## 遊戲治療師的話：

這個遊戲不單可以發揮創意，還有大量正面的身體接觸，而正面的身體接觸能讓身體釋放「愛的荷爾蒙」（Oxytocin），令人有愛的感覺，同時加強人與人之間的連繫、安全感，以及減低壓力。

## 家長體驗分享

遊戲治療師媽媽 Stella 分享：

　　這是差不多 5 歲的兒子自創的遊戲。通常在睡前，我們一家人會在牀上玩這個遊戲。先是爸爸自發做底層麵包，兒子扮芝士，用力疊在爸爸上面，然後兒子邀請我做頂層麵包，大家一起搖搖晃晃，最後「三文治」倒下來了，大家傻笑一番。接着兒子會自發做底層麵包，並邀請較好感情的媽媽做材料，最後爸爸當然會輕輕地疊在最上層。我們會反覆玩這個遊戲，直至每人都在不同位置一次，遊戲便差不多可以結束了。

這個遊戲符合依附理論提及的建立安全依附關係的方法及 6A 品格教育原則：

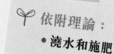

依附理論：
- 澆水和施肥

6A 品格教育原則：
- 關愛（Affection）
- 時間（Availability）

# 19 家人印手掌
## Family Hand Prints

你需要：
水彩顏料、
畫紙

## 玩法：

1. 父母和孩子每人在手掌上塗上顏料，可以是一隻手有不同顏色，可以是互相幫大家塗顏料，甚至可以用手指幫對方塗。

2. 然後各人將手掌印在一張大畫紙上，最後大家一起欣賞合作製成的作品。

## 遊戲治療師的話：

家人的手掌是獨一無二的，父母和孩子一起製作家人手掌畫，能帶來凝聚力，亦很有成功感。在過程中，父母和孩子會有正面的身體接觸，能增強親子關係。此外，這個遊戲亦可促進孩子感覺統合發展，刺激觸覺——最大的感覺系統。舉凡觸摸、疼痛感以及冷與熱的溫度感覺等都屬這個感覺系統。

## 家長體驗分享

IT 爸爸 Gary 分享：

有一次孩子畫完畫後，剩了一些水彩，我建議家人一起玩印手掌遊戲。先是我幫 4 歲的兒子在手掌上塗上顏色，趁水彩乾之前印在畫紙上。然後是兒子幫媽媽塗手掌，塗了很多不同顏色，到印的時候已差不多乾了，但兒子沒有放棄，而是逐少逐少幫媽媽補上顏色，並提示媽媽印手掌時動作要快點，以免乾了印不到。

這個遊戲符合依附理論提及的建立安全依附關係的方法及 6A 品格教育原則：

🌱 **依附理論：**
- **澆水和施肥**
- **給予充足的陽光**

💜 **6A 品格教育原則：**
- **接納（Acceptance）**
- **關愛（Affection）**
- **時間（Availability）**
- **責任（Accountability）**

## 20 爹地彈結他
### Daddy Plays Guitar

你需要：
不同的音樂

**玩法：**

爸爸將孩子橫抱在胸前，將孩子變成一個結他，並用手在孩子的肚腩上裝作彈奏，並配上不同的音樂。

**越玩越有創意：**

請孩子決定彈什麼歌曲，既可增加互動性，亦能讓孩子預算他會扮結他多久。而爸爸可以按歌曲的風格彈得快或慢，甚至邊跳舞邊彈結他。

**遊戲治療師的話：**

這個遊戲讓爸爸和孩子有很多正面身體接觸，而且在點唱和隨音樂擺動的過程中，爸爸和孩子之間有很多互動和歡樂，是加強親子關係的好方法。

## 家長體驗分享

IT 爸爸 Ricky 分享：

我喜歡和 4 歲的兒子和 5 歲的女兒玩這個遊戲，他們一方面會覺得癢，想逃走，另一方面又覺得好玩，爭着想玩，甚至會在我扮結他前指明要我彈什麼歌。雖然抱着約 40 磅重的孩子的確有點累，但我們都很享受，孩子們亦知道只有爸爸才有足夠力量跟他們玩這個遊戲。

 依附理論：
- 澆水和施肥
- 給予充足的陽光

這個遊戲符合依附理論提及的建立安全依附關係的方法及 6A 品格教育原則：

 **6A 品格教育原則：**
- 接納（Acceptance）
- 關愛（Affection）
- 時間（Availability）

61

# 爹地媽咪抱
## Daddy Mommy Hug

**玩法：**

1. 孩子、爸爸和媽媽分別站在三個角落。

2. 孩子衝去爸爸那兒，來一個大大的擁抱。

3. 孩子再衝去媽媽那兒，又來一個大大的擁抱。

**越玩越有創意：**

　　父母可以在跟孩子擁抱後，走到另一個位置，讓孩子再衝來找父母擁抱。

遊戲治療師的話：

　　擁抱可以讓我們的身體釋放出一種「愛的荷爾蒙」（Oxytocin），能讓人覺得充滿力量，同時可以減低壓力。這個遊戲正好讓親子都有大量的擁抱機會，而且讓孩子奔跑，可以讓他覺得控制權在他那裏。

## 家長體驗分享

言語治療師媽媽 Florence 分享：

　　由於2歲半的兒子特別愛玩大肌肉活動，例如：跑、跳、爬，所以我想出這個遊戲。兒子真的會用盡全力向我衝過來，然後跳上來跟我擁抱，令我覺得很溫暖。

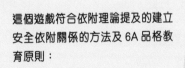

這個遊戲符合依附理論提及的建立安全依附關係的方法及 6A 品格教育原則：

 依附理論：
- 澆水和施肥
- 給予充足的陽光

♥ 6A 品格教育原則：
- 關愛（Affection）

# 二重唱
Duet

**玩法：**

1. 當孩子唱歌時，父母嘗試加入一些
   拍子（例如：嘟嘟嘟嘟／打的打的），
   與孩子一起進行二重唱或唱和音，
   直至唱完一首歌。

2. 亦可以交換角色，由父母唱歌，孩
   子加入一些拍子來進行二重唱。

**越玩越有創意：**

如果由一個人唱主音，其他
家人唱不同的拍子或和音，多加
一些變化，就可以形成一個小型
的無伴奏合唱團（A Cappella）。

64

**遊戲治療師的話：**

　　這個遊戲在孩子很小的時候就可以開始玩，因為每個孩子天生都有音樂感。父母和孩子一起合唱可以增加親子之間的親密感。唱得準不準並不重要，最重要的是大家都享受唱歌的過程，自信心自然會建立。

這個遊戲符合依附理論提及的建立安全依附關係的方法及 6A 品格教育原則：

🌱 **依附理論：**
- 澆水和施肥
- 給予充足的陽光
- 渡過寒冬

💜 **6A 品格教育原則：**
- 接納（Acceptance）
- 欣賞（Appreciation）
- 時間（Availability）
- 責任（Accountability）

# 家長體驗分享

古典音樂人媽媽 Sandy 分享：

　　孩子很小已懂得唱歌，那是每個孩子天生最好的樂器。在兒子很小的時候，我們會一起哼歌，或是由兒子哼歌，我和音。兒子要專注於他的部分，不能被我的歌唱影響，這無形中加強了他的音準，而他也越唱越有信心，有時還會發揮自己的創意反過來幫我和音。我們都很享受這個隨時隨地都可以玩的遊戲。

## 平衡按摩
### Balancing Massage

### 玩法：

家長伏在地上或牀上，讓孩子站在家長背上，並從小腿到肩膊來回走動。孩子走動時需要平衡自己，或需另一位家長扶一扶，就像在平衡木上走動一樣。而家長則可以好好享受這種按摩。

### 越玩越有創意：

　　3歲左右的孩子，已能夠嘗試自己作出平衡，不用大人扶。因此可以進一步讓孩子嘗試不同的踏法，例如小步走、橫向走、轉彎走等。

**！** 注意：家長須視乎孩子的體重衡量本遊戲的安全性。

66

**遊戲治療師的話：**

　　這個遊戲既可讓孩子因做到平衡而建立自信，又能為辛勞的爸媽做按摩，真是一舉兩得。更重要的是，在過程中，親子之間可以互相溝通和調節步法，父母表達了對孩子的信任，又能與孩子有正面的身體接觸，這不是最佳的行為管理和親子遊戲嗎？

# 家長體驗分享

幼稚園老師媽媽 Ms Yau 分享：

　　我愛跟 2 歲的兒子玩肢體遊戲，因為我發現兒子太愛走來走去，不喜歡安靜坐下來。兒子發覺在我的背部走來走去很有趣，當他站不穩時，爸爸會在旁扶着他，而兒子也很疼愛我，不會亂動踏痛我。大家會商量來回走多少次，我有時會跟他說腰的位置比較累，想多踏一會，兒子便會很體貼地照做，令我覺得很窩心。同時，兒子自覺可以幫助我，亦會感到自己是個乖孩子。

這個遊戲符合依附理論提及的建立安全依附關係的方法及 6A 品格教育原則：

依附理論：
- 澆水和施肥
- 除雜草和修剪
- 給予充足的陽光
- 渡過寒冬

♥ 6A 品格教育原則：
- 接納（Acceptance）
- 欣賞（Appreciation）
- 關愛（Affection）
- 時間（Availability）
- 責任（Accountability）

 第五章　自尊感 (Self-esteem)

## 24 拔蘿蔔
### Pull A Carrot

**玩法：**

1. 家長先坐下來扮蘿蔔，孩子扮白兔，拉着「蘿蔔」的雙手扮拔蘿蔔，並唱：「拔蘿蔔，拔蘿蔔，哎呀喲，哎呀喲，哎喲哎喲拔不到，哎喲哎喲拔到喇！」

2. 亦可請其他人扶着白兔的腰來幫忙合力拔蘿蔔，變成一個集體遊戲。

3. 換另一個人坐下來扮蘿蔔，重複再玩一次。

**越玩越有創意：**

　　家長可以躺在地上扮蘿蔔，增加孩子拔蘿蔔的難度，而家長就像做仰臥起坐般可鍛煉腹肌。其實難度越高，孩子拔到「蘿蔔」時的成功感便越大。

70

### 遊戲治療師的話：

這個遊戲包含親子間正面的身體接觸、親子對望和歡笑，能增加孩子的自尊心和自信心。雖然大家都可以想辦法拔到「蘿蔔」，或是扮蘿蔔時不讓人拔到，但因為這不是一個比賽，所以不用計較勝負，最後唱完歌都是皆大歡喜，人人都覺得自己很有能力、很有自信。

## 家長體驗分享

遊戲治療師媽媽 Stella 分享：

這是差不多 5 歲的兒子自創的遊戲。有一次我們一家人到公園散步，兒子走到一張長椅上坐下，叫我們來拔他，似乎很有信心我們拔不動他，於是我們二人搭着肩膊，拉着兒子的雙手，一面拉一面唱：「拔蘿蔔，拔蘿蔔，哎呀喲，哎呀喲，哎喲哎喲拔不到，哎喲哎喲拔到喇！」最後用力將兒子拔起來。兒子最享受是我們唱拔不到的時候，當我們要想辦法才拔到他，他便會很高興。

這個遊戲符合依附理論提及的建立安全依附關係的方法及 6A 品格教育原則：

依附理論：
- 澆水和施肥
- 除雜草和修剪
- 給予充足的陽光

6A 品格教育原則：
- 關愛（Affection）
- 時間（Availability）

# 25 捉親親遊戲
## Kiss Game

## 玩法：

1. 孩子親一下媽媽的臉，媽媽便用一隻手按着臉。孩子再親一下媽媽的耳朵，媽媽便用另一隻手按着耳朵，持續下去，直到媽媽好像沒有手再捉更多的親親為止。

2. 然後交換角色，由媽媽親親孩子，孩子用手捉親親。

### 越玩越有創意：

如果家中有兩個或以上的孩子，一起親親父母，也是不錯的主意。一時間有那麼多親親，平日辛勞的父母一定會甜在心頭，從而更有動力去為孩子付出。

## 遊戲治療師的話：

　　這個親密的遊戲是親子之間的專利，可以盡情地表達親子之間的愛。當中包含很多眼神交流和大量歡樂，對建立孩子的自尊感很有幫助，而且在過程中孩子可以決定快慢以及在哪個位置給父母一個親吻，能增加自信心。

這個遊戲符合依附理論提及的建立安全依附關係的方法及 6A 品格教育原則：

🌱 依附理論：
- 澆水和施肥
- 給予充足的陽光

💜 6A 品格教育原則：
- 接納（Acceptance）
- 關愛（Affection）
- 時間（Availability）

## 家長體驗分享

遊戲治療師媽媽 Stella 分享：

　　這是差不多 5 歲的兒子自創的遊戲。我們面對面、眼望眼，兒子會笑咪咪地親我的臉龐一下，我會很高興地用手按着臉。兒子再親一下，我便用另一隻手按着他親的位置，兒子會時快時慢，當他親到我滿臉都是的時候，我便會兩隻手都不夠用，招架不來，大家又笑作一團。

# 眼神遊戲 ——「我見到……」
## Eye Game: "I Can See"

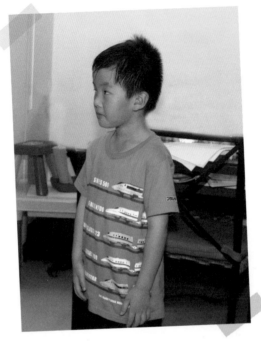

適合年齡：
18 個月大或以上

## 玩法：

1. 家長和孩子其中一人望一望房間內某一件物件，然後說出該物件名稱的第一個字，例如：「我見到梳 __ 。」

2. 另一個人嘗試猜一猜是什麼物件，例如：「梳化。」

3. 然後交換角色，重複再玩一次。要猜得快，猜的一方可以多留意對方眼神停留的地方及面部表情，而出題的人亦可按照對方的能力而給予提示，例如：「兩個字，差不多了，你看看我在望什麼？」

## 遊戲治療師的話：

　　這個遊戲讓親子間有很多眼神接觸，可加強孩子的自尊感。孩子如能猜中物件，或能出題目考到父母，都會令他們覺得自己有能力，從而增強自信心。我曾經接觸過一羣小學生，他們本來很頑皮，對學業毫無信心，但當他們在遊戲中猜對了，或是出了一條大家都猜不到的問題，他們的眼睛就會流露出「原來我都做得到」的自信。例如有一個學生出題：「我見到波⋯⋯」，大家猜來猜去都猜不到。原來答案是「玻璃」，那個學生因而感到非常自豪。

這個遊戲符合依附理論提及的建立安全依附關係的方法及 6A 品格教育原則：

### 依附理論：
- 澆水和施肥
- 給予充足的陽光
- 渡過寒冬

### 6A 品格教育原則：
- 接納（Acceptance）
- 欣賞（Appreciation）
- 關愛（Affection）
- 時間（Availability）

## 家長體驗分享

言語治療師媽媽 Stella 分享：

　　曾經有一次，我在送 4 歲的兒子上學途中，在港鐵車廂內跟他玩「我見到⋯⋯」遊戲。兒子會很誇張地望着港鐵路線圖，説：「我見到迪 _____。」我猜：「迪士尼線！」兒子很興奮地説：「對了！」輪到我出題目，我説：「我見到靚 _____。」然後全神貫注地望着兒子，他立即意會並猜到：「靚仔逸逸！」二人你來我往的玩，轉眼便到達學校。自此，兒子每逢上學放學，都會要求我跟他玩這個遊戲，每次都有新的發現。

# 鏡子自畫像
## Self Portrait In Mirror

適合年齡：
24 個月大或以上

你需要：
全身鏡、
水溶性筆

## 玩法：

1. 孩子望着全身鏡，用水溶性筆在鏡上畫出自己的自畫像，只要畫簡單線條便可。

2. 完成後欣賞一番，然後用濕布把畫擦掉。

### 越玩越有創意：

可以一家人站在鏡子前，讓孩子畫出全家福，這將會是個互動兼備快樂的過程。

**遊戲治療師的話：**

　　孩子多照鏡子有助建立自我形象。每天照鏡子時若跟自己說：「我很可愛。」不正正可以給自己很多正能量麼？父母陪着孩子一起畫自畫像，細看他的身體部位，表示很重視他，亦有助建立孩子的自尊感。

## 家長體驗分享

幼兒藝術導師爸爸 Jean 分享：

　　小至兩歲的孩子已可玩這個遊戲，孩子有一整塊鏡子可以畫畫，感覺很自由，而且他們都愛看自己的樣子。我會引導他們看自己的身體部位，然後嘗試畫出來，不同年齡的孩子畫畫的技巧都不一樣，不一定要畫得似，重點是讓他們感覺自己能夠做到。

這個遊戲符合依附理論提及的建立安全依附關係的方法及 6A 品格教育原則：

❦ **依附理論：**
- 澆水和施肥
- 除雜草和修剪

♥ **6A 品格教育原則：**
- 接納（Acceptance）
- 欣賞（Appreciation）
- 責任（Accountability）

# 28 嘩！
## Wow!

## 玩法：

1. 父母和孩子，每人先伸出一隻手，手掌向下地疊在一起。

2. 接着每人伸出另一隻手，也疊上去。

3. 然後請一個人數「一、二、三」後，大家一起放開手，並叫「嘩！」。

## 越玩越有創意：

　　每次玩的時候，可以輪流請一個人決定一起叫「嘩！」還是別的聲音，如「叮！/嘻！/呼！」等等。在數「一、二、三」後，大家一起放開手，並叫這個聲音，孩子們都會雀躍地爭着做這個小領袖，並且覺得自己建議的聲音是最好的。

## 遊戲治療師的話：

　　這個遊戲適合兩人至一大班人一起玩，不需要太多的言語表達，卻可以帶來足夠的凝聚力，而且結果令人出奇地感到驚喜。當大夥兒都全神貫注地等着孩子數「一、二、三」的時候，會帶給孩子很大的自尊感，因為沒有了他不可。而且這個遊戲只會成功，沒有人會失敗，所以人人都可以玩，而且越玩越有自信。

這個遊戲符合依附理論提及的建立安全依附關係的方法及 6A 品格教育原則：

 依附理論：
- 澆水和施肥
- 除雜草和修剪
- 給予充足的陽光

 6A 品格教育原則：
- 接納（Acceptance）
- 關愛（Affection）
- 時間（Availability）

## 家長體驗分享

國際學校老師爸爸 Daniel 分享：

　　這是我兒子小時候常跟我玩的遊戲，我的兒子現在已經 20 歲了。這遊戲既簡單又好玩，帶給我們很多美好的回憶，所以我們父子二人會教朋友和他們的孩子一起玩。不用解釋，只需配合，大家充滿期待地將手疊在一起，小孩子也能做到。在旁的人以為他們有什麼熱鬧可湊，大家都不知道接下來會玩什麼，但都很合作，在數「一、二、三」後，大家一起放開手，並叫「嘩！」，大家都很驚喜和快樂，孩子更嚷着要再玩、再玩！

# 為自己打氣
## Cheering For Myself

適合年齡：
24 個月大或以上

**玩法：**

家長和孩子面對面，眼望眼，一起跟着節拍拍手，最後喊一個由孩子設計的口號。例如：拍——拍——拍拍拍，拍拍拍拍，拍拍，「加油！」

**越玩越有創意：**

　　可以加一個父母設計的口號，例如孩子設計了「唔該晒！」，爸爸設計了「有精神工作！」，然後大家一起拍手及喊口號：拍——拍——拍拍拍，拍拍拍拍，拍拍，「唔該晒！」拍——拍——拍拍拍，拍拍拍拍，拍拍，「有精神工作！」。

**遊戲治療師的話：**

　　這個遊戲讓家長和孩子可以面對面，眼望眼，充分表達對孩子的重視。而且讓孩子用有節奏的方式表達自己的需要，既能活用右腦，又能增加孩子的自尊感。

## 家長體驗分享

老師媽媽 Wynne 分享：

　　自從弟弟出生以後，女兒便覺得被冷落，於是我想出這個遊戲，既可以表達爸爸媽媽對她的關心，亦可讓孩子表達出她的需要和她關注的問題。例如孩子想做一個有禮貌的人，會設計口號「唔該晒！」；想提示自己準時上學，會設計「早啲起身！」作為口號。

這個遊戲符合依附理論提及的建立安全依附關係的方法及 6A 品格教育原則：

🌱 **依附理論：**
- 澆水和施肥
- 給予充足的陽光

💗 **6A 品格教育原則：**
- 接納 （Acceptance）
- 關愛 （Affection）
- 時間 （Availability）

 第六章 自信心 (Self-confidence)

# 平衡咕咴
## Balance The Cushions

適合年齡：
24 個月大或以上

你需要：

咕咴

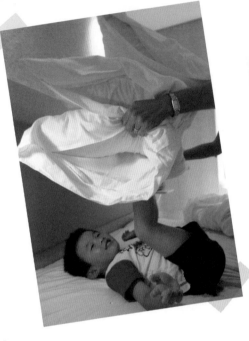

## 玩法：

1. 請孩子躺在牀上，提起雙腳，腳板朝天放平。

2. 父母先放一個咕咴在孩子的腳板上，然後望着孩子的眼睛，請他在聽到你數「一、二、三」後踢起咕咴，看看你能不能接到。

3. 如果做得到，可以挑戰兩個、三個，甚至四個咕咴。

### 越玩越有創意：

　　除了數「一、二、三」外，父母也可以請孩子在聽到一個神奇詞語時踢起咕咴，例如神奇詞語是孩子的名字「逸仔」，你可以說：「日子、豬仔、逸仔！」當然最好不要讓孩子等得太久，因為一直平衡着咕咴，是一件頗累的事。

84

**遊戲治療師的話：**

　　這個遊戲包含很多親子互動，是父母訓練孩子聽話的好方法。在過程中父母會引導、協助孩子，又會跟他商量放多少個咕咀。有些孩子一開始便説：「我要四個咕咀！」父母可以請他先從簡單的開始嘗試，建立了自信心，再挑戰更高的難度，成功後大家都會又驚又喜。我強調父母要望着孩子的眼睛來數「一、二、三」，因為這個遊戲最重要的是親子間的互動，就算失敗了也可以大笑一頓，然後再嘗試。

# 家長體驗分享

遊戲治療師媽媽 Stella 分享：

　　有一個假期，我和 5 歲的兒子在酒店玩這個遊戲，兒子非常興奮，很樂意接受這個挑戰。我一步一步的指示他做什麼，他都非常配合。雖然他不知道接下來會發生什麼事，但他仍很信任我，及至他第一次成功地平衡咕咀、踢起來、又給我接到時，大家都高興得哈哈大笑，兒子還立即自信地説：「我要好多個咕咀！」我説先加一個咕咀試試看，他果然做到。於是我們挑戰三個咕咀，由於平衡、專注及維持某個動作一段時間會頗累，所以兒子成功挑戰三個咕咀後，便滿意地説要玩別的遊戲。

這個遊戲符合依附理論提及的建立安全依附關係的方法及 6A 品格教育原則：

**依附理論：**
- 澆水和施肥
- 除雜草和修剪
- 給予充足的陽光
- 渡過寒冬

**6A 品格教育原則：**
- 接納（Acceptance）
- 欣賞（Appreciation）
- 關愛（Affection）
- 時間（Availability）
- 責任（Accountability）

# 地產大富翁
## Property Millionaire

## 玩法：

1. 帶孩子到家附近的地產代理公司，讓他們從地產代理的廣告中抄下一些樓盤的資料和價錢。

你需要：

紙、筆、
骰子、棋子

2. 回家與孩子一起製作大富翁遊戲。已有樓盤的資料和價錢，只需再製作棋盤、玩具錢，加上骰子和每人一枚棋子，便可以玩了。

## 遊戲治療師的話：

大富翁是很多大小朋友都喜歡玩的遊戲，能自製出來自然更有成功感，並增加自信心。而在抄寫的過程中更能培養孩子對文字和數字的興趣，從遊戲中發掘身邊事件，以及增加對世界的認知（World Knowledge）。

## 家長體驗分享

編輯媽媽 Phoebe 分享：

小時候沒有玩具，我和妹妹會到家附近的地產代理公司抄寫廣告，回家玩大富翁，可以玩上大半天。現在也會和兩個唸小學的兒子玩，他們在抄寫廣告的過程有很多新鮮的發現，如有些樓宇的名稱很古怪、現在的單位價錢這麼貴。他們一手一腳製作這個遊戲，已很有成功感，而且以後都會很珍惜的拿出來玩，並越加越多好玩的元素，如機會卡、命運卡等。

這個遊戲符合依附理論提及的建立安全依附關係的方法及 6A 品格教育原則：

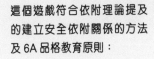

依附理論：
- 給予充足的陽光
- 渡過寒冬

6A 品格教育原則：
- 欣賞（Appreciation）
- 時間（Availability）

# 爸爸媽媽機械人
## Papa Mama Robot

**玩法：**

1. 孩子擺出發射雷射光的姿勢，同時說：「嗶嗶嗶！爸爸 / 媽媽機械人！」將爸爸 / 媽媽變身成機械人。

2. 爸爸 / 媽媽便用機械人姿勢走路，用機械人聲線說話，甚至扮作機械人要捉孩子等。

3. 孩子亦可再按自己手臂上的「雷射按鈕」，將爸爸 / 媽媽變成其他不同的模樣。

## 遊戲治療師的話：

這個遊戲可以讓孩子得到擁有控制權的感覺，能訓練孩子主導的能力。在爸媽捉到自己之前將他變身，會令孩子覺得自己很厲害。這個遊戲既刺激又可以發揮創意，孩子跟爸媽亦會有很多社交互動，對自信心的發展非常好。

## 家長體驗分享

記者媽媽 Angel 分享：

這是 3 歲多的女兒自創的遊戲，靈感來自巴斯光年手臂上的雷射按鈕（laser blast）。女兒擺出發射的姿勢，向我發出使人變身的雷射光，並同時說：「嗶嗶嗶！媽媽機械人！」我就變身成媽媽機械人，用機械人姿勢走路，用機械人聲線說話，甚至扮作機械人要捉孩子。女兒此時總會卡卡大笑，趕緊再按手臂上的雷射按鈕，將我變成各種不同的模樣，例如「回復正常 back to normal」，或變成「貓貓媽媽」，甚至變作「爸爸」。整個過程我就按她要我變的人物／動物，用不同的姿勢、叫聲、聲線、語氣或口頭禪（如果是人的話）和她互動。

這個遊戲符合依附理論提及的建立安全依附關係的方法及 6A 品格教育原則：

🌱 依附理論：
- 澆水和施肥
- 給予充足的陽光

💗 6A 品格教育原則：
- 接納（Acceptance）
- 時間（Availability）

# 氣球火箭
## Balloon Rocket

**玩法：**

1. 在房間內拉一條繩子，中間穿上一個廁紙筒，並將一個未充氣的氣球貼在廁紙筒末端。

2. 讓孩子協助將氣球充氣，然後拿着氣球。

3. 最後放手令氣球放氣，氣球便會變成「火箭」順着繩子一飛沖天。

你需要：
繩子、廁紙筒、氣球

**越玩越有創意：**

　　嘗試用不同形狀的氣球，如長條形、心形、動物形狀，看看飛的情況有什麼不同？

90

**遊戲治療師的話：**

這個遊戲令孩子覺得自己充滿力量，能夠增加自信心，而且感到非常快樂。氣球有時飛得快、有時飛得慢、有時飛得遠、有時飛得近，這種不定性也增加遊戲的刺激性和給孩子帶來驚喜。

## 家長體驗分享

嬰幼兒導師 Veronica 分享：

這個遊戲是我構思 Playgroup 活動時想出來的，覺得很適合 4 歲的兒子，果然他玩了一個星期！他很喜歡拿着充了氣的氣球，等待放手讓它變為「火箭」的一刻。他會熱切地期望着，特別是我們將繩子一邊高一邊低的綁好，氣球火箭便會由低飛到高那邊，真的很神奇。

這個遊戲符合依附理論提及的建立安全依附關係的方法及 6A 品格教育原則：

 **依附理論：**
- **除雜草和修剪**
- **渡過寒冬**

**6A 品格教育原則：**
- 欣賞（Appreciation）
- 時間（Availability）
- 責任（Accountability）

91

## 34 齊來做食物
### Making Food Together

**玩法：**

家長製作小茶點的時候，讓孩子一起參與。例如製作曲奇餅時，讓孩子幫忙印出不同的圖案；或製作咖喱時，請孩子將咖喱粉倒進大碗中。家長加了熱水後，讓孩子攪拌等。

這個遊戲符合依附理論提及的建立安全依附關係的方法及 6A 品格教育原則：

依附理論：
- 澆水和施肥
- 除雜草和修剪
- 渡過寒冬

♥ 6A 品格教育原則：
- 欣賞（Appreciation）
- 時間（Availability）
- 責任（Accountability）

92

## 遊戲治療師的話：

製作食物的時候讓孩子參與其中，能使他們覺得自己更有能力，完成製成品後亦會很有成功感，有助建立自信心。而且一家人同心協力製作食物，亦有助加強親子關係。

# 家長體驗分享

全職媽媽 Cindy 分享：

每當我做啫喱、蛋糕、曲奇餅、奶昔等食物和飲品時，我的兩個兒子都希望有他們的份兒。他們喜歡攪拌、混合材料等步驟。當我們用食用材料（麵粉和食用色素等）作泥膠把玩時，他們會更興奮，因為使用食用泥膠，他們更可以發揮無盡創意，即使把泥膠吃進肚子也不怕，二人可以玩上整整三小時！他們自 2 歲起，就經常站在一張矮凳上，看我預備食物和煮食。現在 5 歲多了，他們愛在吃飯前幫忙放好餐具，這樣令他們覺得自己有能力為家庭出一分力，非常有成功感。

全職媽媽 Eliza 分享：

我的兩個兒子都喜歡烹飪。十多歲的哥哥愛做芝士餅，在技能上獲得的優越感，令他能肯定自己；做好的餅可以用來招呼家人、朋友，得到別人的稱讚，他便更有滿足感。我認為無需太刻意營造快樂，因為每天總有令人快樂的事發生。口渴時能喝到一杯水，便已經很快樂。父母要幫小朋友將好事放大，因小朋友可能不覺得這些平常事有多特別。做父母的要給予孩子時間和專注，每天給他們一份開心禮物——稱讚。孩子對人有禮貌，幫忙做家務，都是值得稱讚的事。

# 35 發掘港鐵站
## Exploring MTR Stations

適合年齡：
24 個月大或以上

你需要：
港鐵站單張

## 玩法：

1. 帶孩子到不同的港鐵站，取閱一份介紹該港鐵站及附近特色的單張，然後將資料與港鐵路線圖互相對應。

2. 如果想更全面認識某個港鐵站，在時間許可下，可以和孩子一起走到港鐵站外，發掘那個區的特色。

### 遊戲治療師的話：

父母接納孩子的喜好，花大量時間陪伴孩子到不同的港鐵站去發掘，能夠滿足孩子的好奇心和探索精神，亦可加強親子關係。孩子親身到港鐵站，是一種體驗式學習（Experiential Learning），能令他加深印象，自自然然會記得港鐵站的名稱，而不用死記。當他記憶力越來越好時，自信心也會大大提高。

## 家長體驗分享

全職媽媽 Irene 分享：

去年暑假，我們一家三口有一個大計劃，就是到不同的港鐵站，收集港鐵站及附近特色的單張，在下雨天這是個特別好的活動。回家後，我5歲的兒子喜歡對着港鐵路線圖，將單張逐一放上去，他就是這樣記得所有港鐵站的名稱。我們有時會出閘到附近的公園玩樂，以及發掘一下該區的特色。因為爸爸喜歡懷舊，所以我們特別喜歡到一些舊區去欣賞舊事物。

這個遊戲符合依附理論提及的建立安全依附關係的方法及 6A 品格教育原則：

✿ 依附理論：
- 除雜草和修剪
- 給予充足的陽光
- 渡過寒冬

❤ 6A 品格教育原則：
- 接納（Acceptance）
- 欣賞（Appreciation）
- 時間（Availability）
- 責任（Accountability）

# 角色扮演——住酒店
## Role Play Hotel

你需要：
行李箱、酒店
鎖匙卡等

## 玩法：

1. 一家人模擬去酒店度假的情形。其中一人扮演客人，帶備行李箱到酒店辦理入住手續。

2. 另一人扮演酒店職員，協助「客人」辦理入住手續。

3. 還有一人扮演酒店服務員，帶領「客人」到客房休息。

### 越玩越有創意：

家長可以扮演較難服侍的客人，讓孩子解決問題。例如客人説：「這間房只得一張牀，我不要這間房。」

## 遊戲治療師的話：

遊戲的一大好處，是將開心的經驗延伸，這個酒店遊戲正好發揮這個功用。與其任由孩子纏着不讓假期完結，或不停再去度假，倒不如接納他們的願望，一家人重演經驗。利用實物如用過的酒店鎖匙卡和行李箱，可增強情節的真實感。你會發現孩子的觀察力、專注力和記憶力遠超過你所想的。而且通過這個遊戲，亦有助建立孩子的自信心。

## 家長體驗分享

這個遊戲符合依附理論提及的建立安全依附關係的方法及 6A 品格教育原則：

🌱 **依附理論：**
- 除雜草和修剪
- 給予充足的陽光
- 渡過寒冬

💙 **6A 品格教育原則：**
- 接納（Acceptance）
- 關愛（Affection）
- 時間（Availability）
- 責任（Accountability）

全職媽媽 Fung 分享：

兩個兒子自 2 歲和 4 歲起，每次去完酒店度假後都會保留着酒店的鎖匙卡，用來玩酒店遊戲。可能是因為度假太開心，他們捨不得完結，於是想到用遊戲的方式來延伸這種快樂的經驗。在遊戲的過程中，他們最喜歡的部分是扮演酒店服務員帶客人到房間，假裝用鎖匙卡開門，然後放下行李，飾演客人的我會扮作驚喜地發現房間好漂亮（其實是自己家），飾演酒店服務員的他們則可以扮作收取貼士（小費）。

 第七章　情緒智能
(Emotional Quotient, EQ)

# 夠了夠了
## Enough Enough

**玩法：**

父母和孩子其中一人問另一人問題（問什麼都可以），被問的一方可以選擇回答或不回答。如果覺得問得太多了，就說「夠了夠了」，發問的一方就要立即停止問問題，然後交換角色。

> **遊戲治療師的話：**
>
> 　　這個遊戲好玩的地方是，參加者並不一定要回答問題，而且可以自由決定「Enough Enough！」的時刻。通過這個遊戲，能增強孩子的自信心與自我了解（Self Awareness）。自我了解是情緒管理的基礎。同時，通過發問，亦可增加親子間的互相了解，又不傷和氣，有助建立正向親子關係。

# 家長體驗分享

IT 爸爸 Gary 分享：

　　我是在一次秋天旅行時，聽到 4 歲 10 個月的兒子，創作並介紹「Enough Enough」這個遊戲。先是兒子問我：「點解你着衫？點解你行路？點解你唔跑步？」我立即意會到遊戲的玩法，便對兒子說：「Enough Enough！」兒子立即停止再問，大家笑作一團。原來兒子平日接收到很多不想回答的問題，這時用遊戲的方式表達出來，是自我了解的表現。

　　輪到我問兒子：「你食飯未呀？做咩唔食多啲呀？你換好校服未呀？着襪未呀？做咗功課未呀？仲要幾耐先出得門口呀？」我說的時候是想起平日媽媽嘮叨的情形，不禁笑起來，兒子也笑着說：「Enough Enough！」

　　然後兒子邀請媽媽問我，媽媽只問了兩句：「你而家喺邊呀？幾時返屋企呀？」我就說：「夠了夠了！」

這個遊戲符合依附理論提及的建立安全依附關係的方法及 6A 品格教育原則：

❦ **依附理論：**
- **給予充足的陽光**
- **渡過寒冬**

♥ **6A 品格教育原則：**
- **接納（Acceptance）**
- **時間（Availability）**

# 38 偷肚腩
## Steal Your Tummy

## 玩法：

家長和孩子每人做出模擬拍籃球的動作。而任務是要去偷摸別人的肚腩，但同時要保護自己的肚腩不要被人摸到。

## 越玩越有創意：

這個遊戲的變換玩法是：改變大家可以走動的範圍，例如將範圍擴大至一個公園內，大家跑動會較多；將範圍縮小至二人站在一個呼拉圈內，避和捉的機會則會更多。

## 遊戲治療師的話：

這個遊戲的挑戰是要一心二用，既要攻（摸別人肚腩），亦要守（保護自己的肚腩不被人摸）。當中含有很多社交互動，做到了，就會很有成功感，並且能夠增加自信心。摸肚腩是很親密的動作，一家人一起玩，不用太計較輸贏。通過這個遊戲，能夠培養孩子情緒管理與承受挫折的能力（Tolerance Of Frustration），是發展逆境智能（AQ）的基礎。

這個遊戲符合依附理論提及的建立安全依附關係的方法及 6A 品格教育原則：

### 依附理論：

- 澆水和施肥
- 除雜草和修剪
- 給予充足的陽光
- 渡過寒冬

### 6A 品格教育原則：

- 欣賞（Appreciation）
- 關愛（Affection）
- 時間（Availability）
- 責任（Accountability）

## 家長體驗分享

護士媽媽 Royce 分享：

我 5 歲多的兒子正在學打籃球，我看到教練教他拍球的動作，防止被人搶了手中的球。平日沒有籃球在手，我便跟他玩偷肚腩遊戲，讓他可以多練習類似的動作。兒子很喜歡跟我玩，每當摸到我的肚腩或成功避開不讓我摸到他的肚腩時，他便覺得自己很「勁」。有時因讀書的壓力和考小學的心情起跌，令我們母子都很辛苦，多玩這個遊戲讓我們都可以放鬆，母子關係也會更好。

**39** 棉被山隧道
Blanket Hill Tunnel

你需要：
棉被

**玩法：**

1. 用棉被做成一座山的樣子，中間可以讓孩子像過隧道般穿過。

2. 和孩子一起創作一個屬於孩子的故事，內容大意是孩子從棉被山的一邊穿越隧道，想回到自己的家，怎料爬錯了，棉被山隧道竟然引領他去了別人的家，於是孩子對着媽媽問：「姨姨，為什麼你來了我家？」

3. 孩子跟家長聊聊天後，回到隧道再爬回原來的地方。

**越玩越有創意：**

這棉被山隧道有另一個功能——有時孩子睡前會說不想睡，但只要叫他爬進棉被山隧道，選個地方去，他爬着爬着，很快便能睡着了！

## 遊戲治療師的話：

這個遊戲充滿歷險的成分，能滿足孩子的好奇心。而且大家共同創作了一個故事，有了共同的背景資料，再扮演去錯別人家時都便會很有共識，有助建立親子關係。父母可利用這個遊戲，表達對孩子的接納。即使孩子不想睡，媽媽也不會怪責他，反而平靜地接納孩子的感受，陪他想像一下。當孩子心情平和時，反而會很快入睡，這都有助孩子培養情緒管理。此外，爬棉被山隧道遊戲可促進感覺統合發展，刺激本體覺——建構身體概念，讓我們知道身體姿勢是什麼、身體部位在哪個地方、動作用力的狀況等。

這個遊戲符合依附理論提及的建立安全依附關係的方法及 6A 品格教育原則：

 依附理論：
- 澆水和施肥
- 給予充足的陽光

♥ 6A 品格教育原則：
- 接納（Acceptance）
- 關愛（Affection）
- 時間（Availability）
- 權威（Authority）

## 家長體驗分享

中學老師媽媽 Kathleen 分享：

兩姊弟（分別是 5 歲半和 4 歲）近來每晚睡前必看的一本書是《棉被山隧道》，而且每次看後都要學主角爬爬棉被山隧道，還要扮爬錯隧道去了別人家，對着媽媽問：「姨姨，為什麼你來了我家？」

# 40 模仿表情
## Imitating Facial Expressions

適合年齡：
8 個月大或以上

### 玩法：

1. 家長說出一個情緒詞彙，例如生氣，並做出生氣的表情，請孩子模仿該表情。

2. 家長可稍作停頓，然後重複再做，或改用其他情緒詞彙和相應的表情，例如：開心、傷心、驚慌、緊張、興奮等。

3. 當孩子掌握了模仿表情後，家長可只說出情緒詞彙，請孩子做出表情。

### 越玩越有創意：

年紀較大的孩子，可以由他做出一個表情，讓其他人猜是什麼感受；家長亦可做出表情，讓孩子猜。

**遊戲治療師的話：**

人類的表情非常豐富。同時間，即使是不同文化的人，卻有着很多共有的表情。協助孩子將這些表情命名，讓他們明白不同的感受，有助他們日後發展情緒智能。另外，因為鏡像神經元（Mirror Neurons）的功能，未夠 1 歲的孩子已能模仿一些面部表情，特別是一些「肉緊」或「用力」地搣開物件的表情。到了孩子入讀小學直到長大成人，他們更會一直吸收數十個至上百個情緒詞彙。

## 家長體驗分享

這個遊戲符合依附理論提及的建立安全依附關係的方法及 6A 品格教育原則：

**依附理論：**
- 澆水和施肥
- 除雜草和修剪
- 給予充足的陽光
- 渡過寒冬

**6A 品格教育原則：**
- 欣賞（Appreciation）
- 關愛（Affection）

社工媽媽 Sally 分享：

女兒 1 歲的時候，已會玩這個遊戲。那時她還未學會說話，但已能聽得明白和會模仿。我對着女兒說「生氣」，並誇張地做出生氣的樣子：皺眉、合緊嘴唇、叉腰，想不到女兒真的跟着做，做出來的樣子十分趣怪。然後換「開心」：笑，女兒也能做到，樣子十分可愛。然後我們考考她，叫她再做出生氣的樣子，她果然聽得明白並能做出正確的表情。大家都拍手讚賞，女兒也很有成功感。

# 模擬遊戲──看醫生
## Pretend Play: Seeing A Doctor

**玩法：**

可在孩子看醫生以後，回家模擬看醫生的過程。家長只需陪伴，配合孩子的指揮便可。

**越玩越有創意：**

　　每人嘗試扮演診所內的不同角色，如醫生、護士、藥劑師和病人，家長可以製造一些困難讓孩子解決，例如：病人跟護士說不夠錢，看看孩子會怎樣想辦法。

## 遊戲治療師的話：

孩子透過遊戲重演實際生活經驗，將他所觀所想投射在遊戲當中，能有效舒緩看醫生時不同的情緒，例如：不安、緊張、焦慮等。這不但有助情緒管理，亦可以讓孩子嘗試找出不同的解難方法。家長容許由孩子作主導，決定玩什麼、怎麼玩，對孩子來說是很寶貴的經驗。因為有機會讓他們盡情地發揮，對建立自信心很有幫助。

## 家長體驗分享

社工媽媽 Sally 分享：

女兒 2 歲多，有一次她看完醫生，回家後便要玩扮演醫生遊戲。她要我扮病人，讓她檢查喉嚨、量體溫、聽心跳等等，並很溫柔地安慰我「不用怕」。然後醫生女兒要我等取藥，她則很認真地拿藥丸、藥水和針筒給我。我很驚訝於女兒的觀察力這麼強，玩得這麼自信。

這個遊戲符合依附理論提及的建立安全依附關係的方法及 6A 品格教育原則：

 依附理論：
- 給予充足的陽光

♥ **6A 品格教育原則：**
- 接納（Acceptance）
- 關愛（Affection）
- 時間（Availability）

# 42 猛獸找食物
## Looking For Food

適合年齡：
9個月大或以上

**玩法：**

1. 爸爸或媽媽扮演猛獸，對孩子說：「我是一隻獅子／大鷹／鱷魚，我想找食物！呀，我看到一個小男孩，好像很美味的樣子。」然後走過去捉他，假裝要吃他。

2. 玩的時候，父母可以觀察孩子較喜歡被你捉着來吃，還是喜歡被你追逐的部分，然後重複重點，孩子通常會要求一玩再玩。

110

## 遊戲治療師的話：

這個遊戲很刺激，孩子會想方設法地逃走，但又忍不住要求「再玩，再玩」。而親子間的正面身體接觸也是這個遊戲的吸引力所在。當然，父母要按孩子的回應來調節速度，例如對於走動能力強的孩子，父母可以很快地追他來吃；但對於較害羞的孩子，父母則要慢一點，不要讓他感覺太大威脅。這有助發展情緒管理和培養親子關係。

# 家長體驗分享

全職媽媽 Cindy 分享：

我 5 歲的孖仔自小喜歡玩追逐遊戲。就如彼得兔的故事一樣，我經常要扮狐狸先生去追他們，然後假裝將他們做成美味的兔批來吃。兩個兒子又怕又要再玩，有時更會走到我面前來引我追他們，表情很趣怪。這是個既刺激又笑聲不斷的遊戲。

這個遊戲符合依附理論提及的建立安全依附關係的方法及 6A 品格教育原則：

### 依附理論：

- 澆水和施肥
- 除雜草和修剪
- 給予充足的陽光

## 越玩越有創意：

利用孩子熟悉的故事角色來玩，也是一個好主意，例如狐狸先生和彼得兔，狼和三隻小豬，喜羊羊和灰太郎等。

### 6A 品格教育原則：

- 接納（Acceptance）
- 關愛（Affection）
- 時間（Availability）

111

 第八章 感覺統合
(Sensory Integration, SI)

# 43 浴室畫畫
## Painting In The Bathroom

**玩法：**

在孩子洗澡時，給孩子一些廣告彩，讓他在浴室的牆上畫畫。畫完了，
便用花灑沖洗乾淨浴室的牆和孩子的身體。

你需要：
廣告彩

114

## 遊戲治療師的話：

這是個多感官遊戲，包含視覺、觸覺和嗅覺。孩子可盡情地發揮創意，感覺自由自在，是個很珍貴的經驗。很多外國父母都會跟孩子玩這個遊戲，香港的父母也可以參考，相信會有意想不到的發現。

## 家長體驗分享

兒童電視節目製作人及兒童故事繪本插畫家 Eliza 分享：

這個遊戲的靈感來自在智樂（Playright）工作的朋友。我的兩個兒子在 6 歲前經常玩。夏天的時候不怕着涼，在洗澡期間便讓他們盡情地畫，浴室的牆便是他們的畫紙；也不怕弄髒身體，因為最後用水一沖便乾淨了，很方便。

## 越玩越有創意：

除了畫牆，亦可用畫身體的顏料（face painting），畫在臉上或身上。

依附理論：
- 除雜草和修剪
- 渡過寒冬

這個遊戲符合依附理論提及的建立安全依附關係的方法及 6A 品格教育原則：

6A 品格教育原則：
- 接納（Acceptance）
- 欣賞（Appreciation）
- 責任（Accountability）

# 44 爹地鞦韆
## Daddy Swing

### 玩法：

爸爸雙手抱着孩子的腋下，好像
盪鞦韆一樣前後搖孩子，一邊搖
一邊數搖了多少下。

### 越玩越有創意：

　　家長可以一邊搖一邊唱
《搖、搖、搖小船》，唱完
一首歌便停下來，令孩子知
道開始和結束的時間，令遊
戲更有結構。

**！** 注意：家長須視乎孩子的體重衡量本遊戲的安全性。

## 遊戲治療師的話：

很多爸爸工作都很忙，但若能夠付出時間跟孩子相處，以正面和肯定的語言、身體接觸和關心，去表達對孩子的關愛，就能符合麥道衞博士（Dr. Josh McDowell）的 6A 品格教育原則，有助建立正面親子關係。搖鞦韆更是可促進感覺統合發展的遊戲，能刺激前庭覺——掌管肢體平衡與協調，以及觸覺——最大的感覺系統。舉凡觸摸、疼痛感以及冷與熱的溫度感覺等，都屬於觸覺這個感覺系統。

# 家長體驗分享

公司老闆爸爸 Dickson 分享：

3 歲的兒子自小就非常愛玩這個遊戲。我有時搖高，有時搖低，孩子會「咯咯」地笑，並會在我停下來時，再走近我，舉起雙手要求再玩。通常在我體力能應付的情況下，兒子想玩多少次我便陪他玩多少次。因為知道他需要多一些的感覺統合刺激，平日會帶孩子去公園盪鞦韆，在家中就會多玩這個遊戲。

這個遊戲符合依附理論提及的建立安全依附關係的方法及 6A 品格教育原則：

❦ 依附理論：
- 澆水和施肥
- 給予充足的陽光

❤ 6A 品格教育原則：
- 接納（Acceptance）
- 關愛（Affection）
- 時間（Availability）

# 45 爹地滑梯
## Daddy Slide

## 玩法：

爸爸坐在梳化或較高的椅子上，將雙腳拍在一起，伸直變成「滑梯」，讓孩子從爸爸的大腿溜下去。每次可提供多個溜滑梯的方法讓孩子選擇，例如頭向下、用肚子溜等。

## 越玩越有創意：

當孩子年紀漸長，想要有一條更長的滑梯時，爸爸可以睡在牀上，豎起雙腳靠在牆上，全身用被單包着，孩子便可從爸爸的腳尖高處溜下去。孩子會覺得很神奇，在家也有一條這麼好玩的「爹地滑梯」！

**！** 注意：家長須視乎孩子的體重衡量本遊戲的安全性。

118

## 遊戲治療師的話：

「俯首甘為儒子牛」，這句說話一點兒也沒錯。父母為了孩子，甘願給孩子在身上溜滑梯。事實上，這個遊戲有三大好處：（一）有選擇權是提升自尊感的不二法門。（二）孩子每一次作選擇，都在鍛煉他的大腦前額（Frontal Lobe），有助他日後發展作明智決定的能力。（三）正面的身體接觸和互動可加強親子關係。溜滑梯更是可促進感覺統合發展的遊戲，能刺激前庭覺——掌管肢體平衡與協調。

## 家長體驗分享

商界爸爸 Dickson 分享：

自兒子 1 歲起，我便開始和他玩這個遊戲，他有時會自發地嘗試用其他方法溜下去，如頭向下、用肚子溜，玩得不亦樂乎。

這個遊戲符合依附理論提及的建立安全依附關係的方法及 6A 品格教育原則：

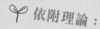 依附理論：
- 澆水和施肥
- 除雜草和修剪
- 給予充足的陽光

♥ 6A 品格教育原則：
- 接納（Acceptance）
- 關愛（Affection）
- 時間（Availability）
- 責任（Accountability）
- 權威（Authority）

119

# 46 爹地飛機
## Daddy Plane

**玩法：**

爸爸睡在牀上，抓住孩子的手，用腳頂着孩子的大腿，然後望着孩子，慢慢將孩子升起，好像飛機升空一樣。

**越玩越有創意：**

對於大一點的孩子，可以在起飛前問他想飛到哪裏，坐什麼航空公司，然後想像飛到那個地方，令遊戲有更多聯想的空間。

**！** 注意：家長須視乎孩子的體重衡量本遊戲的安全性。

120

## 遊戲治療師的話：

爸爸如能以正面和肯定的語言、身體及目光接觸去表達對孩子的關愛，將有助建立正向親子關係和自尊感。此外，這個遊戲可促進感覺統合發展，能刺激前庭覺——掌管肢體平衡與協調。

這個遊戲符合依附理論提及的建立安全依附關係的方法及 6A 品格教育原則：

 依附理論：
- 澆水和施肥
- 除雜草和修剪
- 給予充足的陽光
- 渡過寒冬

❤ 6A 品格教育原則：
- 接納（Acceptance）
- 欣賞（Appreciation）
- 關愛（Affection）
- 時間（Availability）
- 責任（Accountability）
- 權威（Authority）

## 家長體驗分享

物流經理爸爸 Hong 分享：

兒子自 1 歲開始，我便和他玩這個遊戲。兒子一飛起便「卡卡」笑，一降落便要求再玩。我喜歡看着兒子既緊張又歡樂的眼神，亦喜歡看到他很配合我，不亂動，因為一亂動便飛不起來了。

**47**

# 爹地彈跳機
## Daddy Jump

## 玩法：

1. 爸爸扶着孩子的腋下，提示孩子「蹲下」。

2. 爸爸說「跳」，孩子便跳起來，爸爸協助孩子彈跳得更高。

3. 爸爸重複說出「蹲下」、「跳」，孩子便能從房間的一端跳到另一端。

**！** 注意：家長須視乎孩子的體重衡量本遊戲的安全性。

### 越玩越有創意：

給孩子一個目標，可以請媽媽坐在房間的另一端，當孩子彈跳到目的地時，媽媽可以給孩子一個擁抱。

## 遊戲治療師的話：

爸爸能付出時間跟孩子相處，以正面和肯定的語言、身體接觸、目光接觸、關心，去表達對孩子的關愛，正是符合麥道衞博士（Dr. Josh McDowell）的 6A 品格教育原則，有助建立正向親子關係和自尊感，同時亦讓孩子明白你愛他不因任何事情，只因他是你的孩子，以培養安全感和自我價值感。此外，爹地彈跳機是可促進感覺統合發展的遊戲，能刺激前庭覺——掌管肢體平衡與協調。

這個遊戲符合依附理論提及的建立安全依附關係的方法及 6A 品格教育原則：

❦ 依附理論：
- 澆水和施肥
- 除雜草和修剪
- 給予充足的陽光
- 渡過寒冬

♥ 6A 品格教育原則：
- 接納（Acceptance）
- 欣賞（Appreciation）
- 關愛（Affection）
- 時間（Availability）
- 責任（Accountability）
- 權威（Authority）

# 家長體驗分享

公司老闆爸爸 Dickson 分享：

兒子需要多點感覺統合的刺激，特別是前庭覺，所以我朝這個方向想出了這個遊戲。3 歲的兒子會自己蹲下，並急不及待地彈跳起來，當他發現可以彈跳得很高時，便忍不住「咯咯」笑。雖然重複玩我會很累，但我也非常樂意能令兒子保持歡笑。

# 48 爹地旋轉機
## Daddy Spin

**玩法：**

爸爸有兩種方法幫孩子旋轉，一是將孩子橫抱，爸爸做旋轉機自轉。另一種方法是抱着孩子的腋下，爸爸做旋轉機自轉。

**越玩越有創意：**

對於較大的孩子，爸爸或媽媽可拖着孩子的雙手，先做旋轉機慢慢自轉，同時讓孩子在地上助跑，當跑得夠快的話便可以起飛，這樣的旋轉幅度會比較大。

**！** 注意：家長須視乎孩子的體重衡量本遊戲的安全性。

### 遊戲治療師的話：

其實很多孩子都喜歡旋轉，這個遊戲一定能讓他們玩得樂此不疲。而且這是一個可促進感覺統合發展的遊戲，能刺激前庭覺——掌管肢體平衡與協調。父母能付出時間跟孩子相處，以正面和肯定的語言、身體接觸、目光接觸、關心，去表達對孩子的關愛，正是符合麥道衛博士（Dr. Josh McDowell）的 6A 品格教育原則，有助建立正向親子關係和自尊感。

這個遊戲符合依附理論提及的建立安全依附關係的方法及 6A 品格教育原則：

#### 依附理論：
- 澆水和施肥
- 除雜草和修剪
- 給予充足的陽光
- 渡過寒冬

#### 6A 品格教育原則：
- 接納（Acceptance）
- 欣賞（Appreciation）
- 關愛（Affection）
- 時間（Availability）
- 責任（Accountability）
- 權威（Authority）

## 家長體驗分享

商界爸爸 Dickson 分享：

兒子很喜歡旋轉的感覺，小時候不到 1 歲，我便橫抱着他玩爹地旋轉機。快慢是我可以控制的，快的話兒子會覺得很刺激，速度慢反而可安定他的情緒。3 歲時我會抱着他的腋下旋轉，到了 4、5 歲，他追求更刺激的感覺，我便拖着他的雙手旋轉。轉完後，他便會感到很滿足，人也更為安定。

第九章　正向親子關係
(Secure Attachment)

# 藏與找
## Hide And Seek

### 玩法：

1. 請孩子在家中找地方藏起來，父母來找他，找到之後就給他一個大大的擁抱。

2. 另一種方式是讓孩子用被單遮着自己，父母慢慢拉開被單，然後給他一個大大的擁抱。

3. 也可以換父母藏在被單下，等孩子來找父母，多次重複之後，孩子便會明白父母消失後仍會再出現。

你需要：
被單

### 越玩越有創意：

跟年紀較小如 2 至 3 歲的孩子玩，父母可以用被單遮着一件物件，假裝那是你，而你則躲在另一個地方，看看孩子會不會聰明地找到你。這種驚喜會給孩子帶來更多歡樂，更多自信。

跟年紀較大如 4 歲以上的孩子玩，為了增加趣味性，當孩子藏起來後，你可以故意猜一些很特別的地方：「不知道我的兒子是不是在天花板呢？」／「難道是在茶壺入面？」孩子聽到一定忍不住咯咯笑。

## 遊戲治療師的話：

涉及人物的藏與找，需要有物體恆存（Object Permanence）的概念，即完全看不見人物或物件，也知道他的存在。一般在嬰兒 8 個月大時，這個概念便會開始發展，至 2 歲便能掌握，因此 2 歲以上的孩子會非常喜歡玩這個遊戲，甚至會重複又重複地玩。多次重複之後，孩子便會明白父母消失後仍會再出現。這樣可以增加孩子的安全感及減低分離焦慮，並有助建立正向親子關係。

## 家長體驗分享

遊戲治療師媽媽 Stella 分享：

我教一位媽媽跟三歲的兒子玩藏與找，她兒子平時很害怕跟媽媽分離，所以一開始都不太能讓媽媽躲起來。於是我拿被單躲起來，那位媽媽和兒子來找我。數次之後，孩子開始覺得很有趣。之後輪到那位媽媽和兒子躲起來，我來找他們。數次以後，就輪到媽媽躲起來，我幫那兒子去找媽媽。再之後是那兒子躲起來，他媽媽來找他。開始時那兒子常急不及待從被單裏走出來，好讓媽媽見到他，到後來他明白了媽媽一定會找到他，他便能安心地等媽媽在房間內晃一會兒，於找到他後給他一個大大的擁抱。

這個遊戲符合依附理論提及的建立安全依附關係的方法及 6A 品格教育原則：

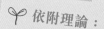 依附理論：
- 給予充足的陽光

♥ 6A 品格教育原則：
- 接納（Acceptance）

129

# 滑嘟嘟手臂
## Slippery Arm

**玩法：**

1. 父母先唧一些潤膚露在手心，然後用雙手磨擦，並說：「等我捽暖雙手，等你唔好凍親。」

2. 然後在孩子的一隻手臂，由手肘至手指尖，慢慢按摩，一邊按，一邊說出留意到孩子的手有什麼特別，例如特別滑、手指特別長。

3. 最後抓住孩子的手臂，請他聽到你數「一、二、三」後逃走，你便可以說：「你果然是一個有力量的孩子！」

**你需要：**
潤膚露

130

## 遊戲治療師的話：

這個遊戲對容易焦慮的孩子特別有幫助。因為家長專注於孩子的特別之處、與孩子的目光接觸和正面身體接觸都能增加孩子的自尊感，以及加強正向親子關係。孩子平日可能沒有發現自己是有力量的，但當他真的做到了，這對建立他的自信心會有一定幫助。

# 家長體驗分享

遊戲治療師媽媽 Stella 分享：

這個遊戲是我從遊戲治療培訓中學回來的。我的學生很喜歡玩，我的兒子也喜歡玩。每次洗完澡，他便會趁我幫他塗 BB 油或是潤膚露時，建議我跟他玩。親子之間正面的身體接觸令他覺得自己很特別、很重要，而過程中表達的信息更令他覺得自己擁有力量。

這個遊戲符合依附理論提及的建立安全依附關係的方法及 6A 品格教育原則：

## 越玩越有創意：

當孩子的兩隻手都嘗試過了，父母可以用兩隻手抓住孩子的兩隻手臂，表示：「你咁犀利，等我試下捉住兩隻手先！」，甚至可以交叉手進行。

🌱 **依附理論：**
- 澆水和施肥
- 除雜草和修剪
- 給予充足的陽光
- 渡過寒冬

💜 **6A 品格教育原則：**
- 接納（Acceptance）
- 欣賞（Appreciation）
- 關愛（Affection）
- 時間（Availability）
- 責任（Accountability）

# 51 再出生
## Reborn

**玩法：**

1. 媽媽穿一件較闊身的上衣，讓孩子可以整個頭和身都躲進媽媽的上衣裏。

2. 媽媽可以描述一下期待孩子出生的情況，以及由孩子出生之前開始倒數，直至孩子出生那一天，讓孩子再出生，然後對他每個小動作都表示驚歎及欣喜。

這個遊戲符合依附理論提及的建立安全依附關係的方法及 6A 品格教育原則：

 依附理論：
- 澆水和施肥
- 給予充足的陽光

 6A 品格教育原則：
- 接納（Acceptance）
- 關愛（Affection）

你需要：
較闊身的上衣

132

## 遊戲治療師的話：

不時都會聽到有家長擔心地描述他們的孩子有倒退的行為，明明是3、4歲甚至更大的孩子，但他們的言行卻好像嬰兒一樣。這種情況很多時會出現在弟弟妹妹出生後或是孩子遇到很大的困難時。其實孩子是想得到更多的愛，而他們會以為只要變回嬰兒就可以達到這個目的。父母可以做的是對孩子表達無條件的接納：你不用變成嬰兒，我也一樣愛你。

這個遊戲正好可以讓孩子體會到父母多麼重視他、留意他、喜歡他，能增加孩子的自尊感，及重新肯定父母與孩子之間安全的親子關係。孩子可以在遊戲中盡情扮演嬰兒，當他的心理需要得到滿足後，他便會得回力量，不再扮演嬰兒。

# 家長體驗分享

遊戲治療師媽媽 Stella 分享：

這是兒子和我創作出來的遊戲，兒子到5歲仍很喜歡玩。特別是覺得不開心、遇到困難時，他便會主動要求玩這個遊戲。升上幼兒園高班不久，有一天我一整天都很忙，至深夜才能回家，第二天兒子要求：「媽媽，我想躲進你的肚子！」於是我讓他的頭和上半身都躲進我的上衣內，緊緊地摟着他，好讓他有安全感。然後兒子要我由12月1日開始數，數到他生日的日子，怎料早了一日他便跳了出來，還做出很多很厲害的事，我用驚訝並欣賞的語氣說：「嘩，我個仔一出生就會爬，又會跳，又會轉身，仲會講嘢，把聲仲好好聽，個樣仲好可愛……」

通常玩完這個再出生遊戲，兒子都會得到很多肯定和接納，自我形象變得非常正面，面對困難時能適應得更好。我也不知道他願意玩這個遊戲到什麼時候，但我知道，只要我的兒子仍想玩，我都很樂意陪伴他、跟他玩。

# 氣球空中飛
## Balloon In The Air

你需要：

**氣球**

## 玩法：

拿一個充了氣的氣球，一家人每人輪流向上拍一下，目標是讓氣球一直留在空中不掉下來。可以一邊拍一邊數，看看一共可以拍多少下。

### 越玩越有創意：

可以一邊唱歌一邊拍氣球，例如唱《ABC》，每拍一下，便一起唱一個字，直至唱完一首歌。

### 遊戲治療師的話：

　　小孩子一看見氣球就興奮不已。一家人合力將氣球留在空中不掉下來，過程中會有很多的凝聚力，能夠加強親子關係。每人都可以出一分力的遊戲，會令孩子覺得自己很有能力，有助建立成就感和自信心。

## 家長體驗分享

護士媽媽 Royce 分享：

　　我會和 5 歲多的兒子和 2 歲多的女兒一起玩。大兒子活動能力較高，會主動去「救」氣球；妹妹則會在氣球飛到她面前時拍一下，大家一起合力盡量拍到 10 下以上，他們兩個都會很有成功感。

🌱 依附理論：
- 澆水和施肥
- 給予充足的陽光
- 渡過寒冬

這個遊戲符合依附理論提及的建立安全依附關係的方法及 6A 品格教育原則：

💜 6A 品格教育原則：
- 欣賞（Appreciation）
- 關愛（Affection）
- 時間（Availability）

135

不論是室內還是室外遊戲，只要有我陪伴參與其中，我一對孖仔都份外高興。親子遊戲不只帶來樂趣，亦是愛的表現。

全職媽媽 Cindy

不需要昂貴的玩具，不需要特別的場地，只要善用簡單的材料，孩子在家中也能盡情玩樂嬉戲！

嬰幼兒導師媽媽 Veronica

我最喜歡和兒子玩遊戲，因為我倆都可以忘形其中，開懷大笑。這段時光是我一生中非常珍貴的片段，不可復返。若錯過了跟孩子玩耍的機會，我想作為爸爸就會索然無味了。

IT 爸爸 Gary

雖然遊戲對兒童成長有許多益處，但我認為不用每每以功利角度去精心策劃親子遊戲，單純地從愛與真心出發就可以了。Let's play together just for fun!

兒童電視節目製作人及兒童故事繪本插畫家 Eliza

用心去陪伴就是給孩子最好的禮物。作者介紹的遊戲不需昂貴的入場費、精美的道具或繁複的步驟，要的只是父母享受與孩子同行同玩的心。

中學老師媽媽 Kathleen

遊戲就像呼吸或喝水一樣，既自然，也必須。我不會購買昂貴精美的玩具給兒子，但我會預備童心及時間。即使是忙於家務時，只要孩子需要我，我也盡可能放下手上的工作，立即回應孩子的邀請，走進孩子的世界，把握每一個時刻讓每一個地方隨時成為玩樂的場景。

言語治療師媽媽 Amy

# 鳴 謝

Gary Chu、朱遠

Joe、Josh

蔡瑋超、蔡建熙、蔡建桐

蔡本國、楊幼欣、蔡凱翱、蔡凱煬

梁舒燕、陳貝加

**玩出親子情—— 52 個親子遊戲**
**Play Out Parent - Child Bonding**

作　　者：蔡惠雲 Stella Choy
繪　　圖：朱逸
攝　　影：陳智健
責任編輯：王燕參、馬嘉欣
美術設計：李成宇
出　　版：新雅文化事業有限公司
　　　　　香港英皇道499號北角工業大廈18樓
　　　　　電話：（852）2138 7998
　　　　　傳真：（852）2597 4003
　　　　　網址：http://www.sunya.com.hk
　　　　　電郵：marketing@sunya.com.hk
發　　行：香港聯合書刊物流有限公司
　　　　　香港新界大埔汀麗路36號中華商務印刷大廈3字樓
　　　　　電話：（852）2150 2100
　　　　　傳真：（852）2407 3062
　　　　　電郵：info@suplogistics.com.hk
印　　刷：中華商務彩色印刷有限公司
　　　　　香港新界大埔汀麗路36號
版　　次：二〇一四年七月初版
　　　　　10 9 8 7 6 5 4 3 2 1

ISBN 978-962-08-6178-9
© 2014 Sun Ya Publications (HK) Ltd.
18/F, North Point Industrial Building, 499 King's Road, Hong Kong
Published and printed in Hong Kong.